Ein Buch schreiben und Autor werden

(Der Einsteiger-Ratgeber)

Originalausgabe Dezember 2017
© FeuerWerke Verlag, Alle Rechte vorbehalten
Maracuja GmbH, Laerheider Weg 13, 47669 Wachtendonk
Herstellung: Books on Demand GmbH
Cover: Grittany Design - www.grittany-design.de unter
Verwendung von rondabroc.com – Adobe Stock
ISBN: 978-3-945362-35-8
Printed in Europe

Inhaltsverzeichnis

1. Einleitung

Das eigene Buch in den Händen halten zu dürfen, ist für viele Menschen ein Lebenstraum. Es erfordert jedoch viel Ausdauer und Disziplin, einen Roman bis zum Ende zu schreiben. Gerade junge Autoren mit ihrem ersten Buch haben es nicht immer einfach. Vor und während des Schreibens sowie in der Phase der Veröffentlichung tauchen viele Fragen auf: *Wie finde ich die passende Buchidee? Wie plane ich die Arbeit an meinem Buch? Wie überwinde ich Schreibblockaden und Motivationsprobleme? Was muss ich alles an einen Verlag schicken? Welche Möglichkeiten bietet Self-Publishing?* Diese und noch weitere Fragen beantwortet dieser Autorenratgeber und unterstützt dich bei deinem Buchprojekt mit einer Vielzahl von wertvollen Tipps.

Der Ratgeber wendet sich vor allem an **Erstautoren**, aber auch an alle Schriftsteller, die Tipps und Ratschläge für ihr nächstes Buch suchen. Der Autorenratgeber beleuchtet die gesamte Arbeit an einem Roman von der ersten **Ideenfindung** bis zur **Veröffentlichung**. Darüber hinaus werden Aspekte wie der **Social Media Auftritt** von Autoren und der Umgang mit **negativen Rezensionen** thematisiert. Wichtigen Punkten wie dem **Schreibprozess** und der **Publikation** des Romans bei Buchverlagen wurde besonders viel Aufmerksamkeit gewidmet. Auch dem immer wichtigeren Thema **Self-Publishing** und den **Literaturagenturen** als Alternative zur Verlagsbewerbung widmet sich dieser Ratgeber. Außerdem werden Erkenntnisse der klassischen **Erzähltheorie** sowie der antiken Rhetorik aufgegriffen.

Wenn du an der einen oder anderen Stelle tiefer in eine Thematik einsteigen willst, empfehlen wir dir nach weiterführender Literatur zum Thema Ausschau zu halten. Denn unser Ziel war und ist es, kein hochwissenschaftliches und hochkompliziertes Sachbuch zu veröffentlichen, sondern einen praxisnahen, gut verständlichen, kompakten und einführenden Ratgeber zu einem wundervollem Thema – der Schriftstellerei…

Wir sind uns sicher: Wenn du den Autorenratgeber gelesen hast, kannst du dein Buchprojekt besser planen und sparst wertvolle Zeit beim Schreiben. Mit dem Ratgeber vermeidest du häufige Fehler und Stolpersteine auf dem Weg bis zur Buchveröffentlichung. Am Ende sollst du dir deinen Traum erfüllen und dein eigenes Buch in den Händen halten können.

Viel Spaß dabei wünschen Dir,
Tim Rohrer & Marius Pieruschka

2. Ein Buch planen

Der erste Teil des Autorenratgebers beschäftigt sich ausführlich mit Fragen der **Ideenfindung**, **Recherche** und **Zeitplanung**. Dabei geht es nicht ausschließlich darum, wie du eine Idee für dein Buch findest, sondern um allgemeine Kreativitätstechniken. Wie findet man Namen für Charaktere und Orte? Wie kannst du deine erste Buchidee konkretisieren und auf ihre Umsetzbarkeit hin überprüfen? Ein weiteres Kapitel widmen wir dem Thema Recherche. Recherche gehört zur Arbeit eines jeden Schriftstellers dazu, je nach Genre fällt hier der Aufwand unterschiedlich aus. Das richtige Zeitmanagement ist ein weiterer wichtiger Aspekt für Autoren, der in vielen Ratgebern vernachlässigt wird. Fast alle Erstautoren arbeiten neben ihrer Ausbildung, dem Studium oder Beruf an ihrem Roman. Hier gilt es, die wenige vorhandene Zeit richtig zu nutzen. Noch viel effektiver als ein gutes Zeitmanagement, ist es, seine Zeitkiller einfach zu beseitigen. Wir erläutern, wie du gängige Zeitkiller findest und diese konsequent eliminierst.

2.1 Kreativitätstechniken

Am Anfang eines jeden Romans steht die Idee. Man kann grundsätzlich zwischen zwei Arten von Autoren unterscheiden. Manche Schriftsteller sprudeln geradezu über vor Ideen, haben jedoch Probleme bei der Konkretisierung einer Idee oder es stockt bei der Findung von Charakternamen oder Ortsbezeichnungen. Daneben gibt es wiederum andere Autoren, die aktiv nach einer wirklich guten und überzeugenden Idee für einen Roman suchen. Zu welcher

Gruppe du auch gehörst, es gibt Methoden um dem Geistesblitz auf die Sprünge zu helfen. Klassische Kreativitätstechniken wie Mindmapping oder die Lexikontechnik dienen nicht nur dazu, Buchideen zu liefern. Mit diesen Techniken kannst du auch eine Idee konkretisieren, ein Konzept für deinen Roman erstellen oder Namen für deine Charaktere finden. Weiterhin stellen wir dir weitere Inspirationsquellen vor, die vor allem dazu dienen sollen, auf eine gute Idee für einen Roman zu kommen.

2.1.1 Ideen finden und konkretisieren

Kreativität und Inspiration sind die Grundlage für jeden Autor. Doch Ideen für neue Geschichten und Romane lassen sich nicht einfach auf Knopfdruck abrufen. Aber was kann ein Autor machen, wenn der erhoffte Geistesblitz ausbleibt? Hier können die angesprochenen Kreativitätstechniken weiterhelfen. In der Vergangenheit wurde eine Vielzahl an Techniken entwickelt, die für neue Ideen sorgen sollen. Nicht alle Methoden sind für Einzelpersonen oder Autoren geeignet. Einige dieser Verfahren funktionieren nur in der Gruppe oder sollen dazu dienen, neue Produktnamen zu finden. Möchte man ein Buch schreiben, helfen diese Methoden nicht weiter. Doch es gibt einige Techniken, die für Schriftsteller interessant sein könnten. Dies reicht von bekannten Verfahren wie dem Brainstorming, über die Lexikontechnik, dem Verfahren der Semantischen Intuition, bis zur Walt-Disney-Methode mit einem dreifachen Perspektivwechsel. Die vorgestellten Kreativitätstechniken dienen dabei durchaus verschiedenen Zwecken. Einige Methoden sind nur hilfreich, wenn man bereits eine erste Idee hat und diese konkretisieren möchte. Manche Techniken regen hingegen zu völlig neuen Ideen an. Mit der Walt-Disney-Methode kann man sogar ein Buchprojekt planen. Folgende vier Techniken können dir bei der Ideenfindung behilflich sein. Grob erklärt sieht das wie folgt aus:

a) Brainstorming und Mindmapping

Brainstorming ist ein Begriff, den die meisten Menschen aus dem Schulunterricht als kreative Methode kennen. Man lässt seinen Gedanken freien Lauf und notiert alle Ideen, die man zu einem Thema hat. Diese Kreativitätstechnik ist hilfreich, wenn du zum Beispiel bereits eine erste Idee für einen Roman hast. Um möglichst viele Inspirationen für dein Buch zu finden, verbindest du am besten die Brainstorming-Methode und das Mindmapping. Denn dank des Mindmappings fließen deine Ideen nicht nur ungefiltert, sondern bekommen gleichzeitig eine Struktur. Beide Verfahren sind einfach und dabei trotzdem äußerst effektiv. Man nimmt ein Blatt Papier im Querformat, wenn du besonders ambitioniert bist, kannst du auch ein größeres Blatt im DIN A3-Format wählen. In die Mitte schreibst du das zentrale Thema. Notiere dir um das Thema herum verschiedene Unterpunkte. Dies sind die weiteren Ideen, die dir zu deinem Roman oder deiner Kurzgeschichte einfallen. Dann folgen weitere Punkte zu den Unterpunkten. Wenn man die Kreativitätstechniken Brainstorming und Mindmapping richtig miteinander verbindet, entstehen ganze Ideenbäume. Dabei zeigen sich sehr schnell die Lücken des Konzepts: Wo die Äste (einzelne Kapitel) recht dünn sind, fehlt es noch an Ideen.

b) Zufallstechniken

Unter dem Begriff Zufallstechniken kann man verschiedene Kreativitätstechniken für Autoren zusammenfassen, bei denen unsere Inspiration der Laune des Glücks zu verdanken ist. Besonders effektiv ist hier die Lexikontechnik. Man nimmt ein Lexikon oder Wörterbuch und schlägt es an einer beliebigen Stelle auf. Du kannst zum Beispiel mit vier Begriffen beginnen. Aber keine Angst, du musst jetzt keinen Text mit den Begriffen Nekromant, Gregor VII, Känguru und Waldsterben schreiben, wobei diese Begriffe sicherlich eine Herausforderung wären. In kreativen Schreibgruppen macht man dies durchaus, aber dir geht es ja um Ideenfindung und Inspiration. Die Wörter sollen dir vor allem einen kreativen Anstoß geben. Brachten die Zufallswörter noch nicht die gewünschte Inspiration, wiederhole das Verfahren einfach. Es kann helfen, einzelne Wortgruppen wie Verben oder Namen von historischen Personen auszuschließen. Zu den Kreativitätstechniken, die auf dem Zufall basieren, gehört auch die *Katalogmethode*. Hier soll man einen Warenhauskatalog aufschlagen und sich durch die Bilder inspirieren lassen. Doch diese Methode zur Inspiration dürfte heute veraltet sein, denn wer hat noch die dicken Warenhauskataloge daheim, mit denen man jemanden erschlagen könnte. Erwecken eher Bilder deine Kreativität? Dann gib die gefundenen Begriffe aus der Lexikontechnik einfach in Google-Bilder-Suche ein.

c) Semantische Intuition

Bei den Kreativitätstechniken ist das Verfahren der Semantischen Intuition in zweifacher Form interessant. Einmal dient die Methode der Ideenfindung, außerdem kann man hiermit neue Namen kreieren. Dies dürfte vor allem für Fantasy-Autoren von Interesse sein. Suchst du nach neuen Ideen, gehst du wie folgt vor: Notiere dir eine Anzahl von Begriffen, die mit deinem Roman in direkten Zusammenhang stehen. Nehmen wir Begriffe aus dem Umfeld eines klassischen Krimis: Bank, Geld, Flucht, Tat, Auto, Raub. Durch die Zusammensetzung der Wörter erhältst du Ideen für die Handlung. Es könnte ein Bank-Raub werden oder warum überfällt man nicht gleich das Geld-Auto. Zusätzlich entstehen auf diese Art ungewohnte Wortkombinationen, die zu weiteren Ideen führen können. Was macht man mit einem Begriff wie Geldflucht. Wohin schaffen wir das Geld vom Bankraub? Vielleicht am besten in ein tropisches Paradies. Die Semantische Intuition gehört zu den vielseitigen Kreativitätstechniken. Über dieses Verfahren gewinnt man auch Ideen für Namen für Personen und Orte. Gerade Fantasy-Autoren müssen immer wieder Orte kreativ benennen. Schlag einmal den Atlas auf. Hier kommen nach dem Zufallsprinzip mehrere Städte und Städtchen auf eine Liste. Man macht keine Unterschiede zwischen großen und kleinen Orten. Das kleine österreichische Alpbachtal kommt ebenso auf die Liste wie Großstädte wie Mannheim oder Nürnberg. Mit etwas Kombinatorik bekommen wir Ortsnamen wie Alpheim oder Alpburg. Wäre dies nicht ein toller Wohnort für unsere Nekromanten, die wir über die Zufallstechnik gefunden haben? Je mehr Städte auf deiner Liste stehen, desto mehr Ortsnamen kannst du kreieren. Mit Personennamen funktioniert diese kreative Methode genauso.

d) Walt-Disney-Methode

Vielleicht hast du schon einmal von der Walt-Disney-Methode gehört. Dieses Verfahren des dreifachen Perspektivwechsels gehört zu den bekanntesten Kreativitätstechniken. Während du die Methode anwendest, nimmst du nacheinander die Rolle des Träumers, Realisten und Kritikers ein. Die Benennung der Methode geht übrigens auf Robert B. Dilts zurück, der über den Filmproduzten sagte: *„...tatsächlich gab es drei Walts: den Träumer, den Realisten und den Kritiker."* Der Träumer ist ein Visionär und liefert Ideen, ohne sich übermäßig um die Umsetzung zu kümmern. Er ist enthusiastisch und denkt in großen Dimensionen. Der Realist ist ein Macher und Pragmatiker. Er interessiert sich nur für die Umsetzung der Ideen und konzentriert sich auf die einzelnen Arbeitsschritte. Der Kritiker prüft die Vorgaben seiner Vorgänger. Hier erfolgt die Qualitätskontrolle der Ideen und der Planung.

Der Träumer: Visionär und Ideenlieferant
Der Realist: Pragmatiker und Macher
Der Kritiker: Qualitätsmanager und Fragensteller

Nehmen wir an, du planst ein Buchprojekt. Als erstes nimmst du die Rolle des Träumers ein. Dieser denkt weitreichend und ist ein echter Optimist. Wäre es nicht besser, aus deiner Romanidee gleich eine Trilogie zu machen? Die Idee lässt es zu. Nun schlüpfst du in die Rolle des Machers. In dieser Rolle sagst du: *„Also gut, eine Trilogie. Bevor ich überhaupt mit dem Schreiben anfangen kann, muss ich den Stoff auf drei Bücher aufteilen. Dazu muss ich jeden Tag schreiben, damit ich den Dreiteiler in einer* *vernünftigen Zeit beende."* Nun kommt der Kritiker zu Wort und unterzieht alles einer Prüfung. Dieser könnte vielleicht einwenden, dass es bei dir mit dem regelmäßigen Schreiben zeitlich nicht klappen wird. Am Ende könnte ein Kompromiss stehen. Der Roman wird ein umfangreiches Einzelwerk, das sich in drei Teile gliedert.

2.1.2 Eine Buchidee finden

Sollten dir die genannten Kreativitätstechniken nicht weiterhelfen, gibt es eine ganze Reihe von Inspirationsquellen, um eine passende Idee für deinen Roman zu finden. Anders als die vier oben genannten Techniken haben die aufgeführten Inspirationsquellen nur eine Aufgabe: Eine Buchidee zu liefern. Das erste Werk vieler Autoren hat häufig einen autobiographischen Hintergrund. Dies ist sicherlich ein Weg, eine passende Romanidee zu finden, jedoch nicht die einzige Möglichkeit. Potentielle Inspirationsquellen für eine Buchidee sind:

a) Familiengeschichten und autobiographische Erlebnisse
Gerade im ersten Roman verarbeiten viele Schriftsteller autobiographische Stoffe. Manche Autoren nutzen auch Familiengeschichten für ihre Buchidee. Mit einem solchen Thema sollte man genügend Material für ein ganzes Buch haben. Bei autobiographischen Inhalten als Romanstoff besteht jedoch immer die Gefahr, dass du dich rechtlich angreifbar machst. Darfst du zum Beispiel deine gescheiterte Beziehung ausführlich in einem Roman verarbeiten, ohne dass dabei Persönlichkeitsrechte verletzt werden? Oder wie verhält es sich, wenn du über dein näheres Familienumfeld

berichtest? Dies sind zwei von vielen Fragen, die im Einzelfall nur ein Anwalt für Medien- und Urheberrecht beantworten kann.

b) Bücher, Filme und Fernsehserien

Eine große und gute Inspirationsquelle für eine Buchidee bilden andere Romane. Du kannst dich von der Handlung eines Buches inspirieren lassen. Vielleicht hast du vor kurzem ein Buch gelesen, dem du von Anfang an eine völlig andere Handlung gegeben hättest. Oder eine Nebenhandlung inspiriert dich und du könntest darüber ein ganzes Buch schreiben. Es kann auch Sinn machen, einen ganzen Roman in eine andere Zeit zu versetzen. Wie würde das Drama „Romeo und Julia" als Science-Fiction funktionieren, wenn beide Liebenden zu zwei verfeindeten Rassen gehören. Oder wir verfrachten eine Figur wie Harry Potter mitten ins tiefe Mittelalter an eine strenge Klosterschule. Wie würde sein Umfeld wohl auf seine Zauberkräfte reagieren und welche Probleme müsste er als Zauberer überwinden? Neben Büchern können Filme und Fernsehserien ebenso eine Buchidee liefern. Achte in dem Fall darauf, keine Urheberrechte zu verletzten.

c) Historische Ereignisse, Quellen und Berichte

Interessierst du dich für historische Stoffe und Motive? Dann kommt jetzt deine Inspirationsquelle. Zahlreiche Buchideen basieren auf historischen Ereignissen. Vielleicht interessierst du dich besonders für eine spezielle Epoche oder eine historische Person. Dies könnte ein Ausgangspunkt für eine Romanidee sein. Auch historische Quellen und Berichte bieten eine ausgezeichnete Grundlage für ein Buch. In faktisch jeder Unibibliothek der Geschichtswissenschaften findest du einen Quellenlesesaal. Dort gibt es zum Beispiel Reiseberichte oder andere Zeitquellen. Ein solcher Lesesaal kann sich als wahre Fundgrube für Ideen für dein Buch entpuppen. Gerade wer einen historischen Roman schreiben möchte, findet hier geeignete Motive für ein Buch. Solltest du dich für einen historischen Stoff als Buchidee entscheiden, dürftest du für die Recherche deines Romans einige Stunden in der Bibliothek verbringen.

d) Zeitungsmeldungen und Zeitschriften

Auch in Zeitungen und Zeitschriften kann man eine passende Buchidee finden. Hier kann es sinnvoll sein, Zeitschriftenarchive einer Bibliothek auf der Suche nach Inspiration durchzuschauen. Es gibt noch immer Bibliotheken, die ganze Jahrgänge gebundener Tageszeitungen in den Regalen stehen haben. Das Schleppen solcher Bände zum Lesetisch ist nicht nur ein ausgezeichnetes Fitnesstraining, besonders Krimiautoren könnten hier fündig werden und die perfekte Romanidee entdecken. Vielleicht stößt du ja auf einen zehn Jahre alten Artikel über einen Mordfall, der dich inspiriert. Bist du kein Krimiautor, findest du vielleicht eine andere spannende Geschichte aus dem wirklichen Leben in einer alten Zeitung oder Zeitschrift. Wenn du noch tiefer in die Materie eintauchen willst, begib dich an den Ort der Handlung. Das kann z.B. eine Stadt sein, die du mit einem historischen Stadtplan durchläufst. Auch beim Thema Zeitungen solltest du darauf achten, genau wie bei einem autobiographischen Roman, keine Persönlichkeitsrechte oder Urheberrechte zu verletzen.

e) Klassische Motive und Themen neu verarbeitet

Es kann sehr reizvoll sein, ein klassisches Thema der Literatur völlig neu zu bearbeiten. Die Neuinterpretation von Romeo und Julia war nur ein Beispiel. In der Literatur tauchen immer die gleichen Motive auf und werden immer wieder neu gestaltet. Wie oft wurde schon über unerfüllte Liebe, einen Bruderstreit, zwei vertauschte Kinder oder Dreiecksbeziehungen geschrieben? Doch in den meisten Fällen haben die Autoren diesen Motiven ihren eigenen Stempel aufgedrückt. Willst du über nach der Geburt vertauschte Kinder schreiben, gibt es eine Vielzahl an Möglichkeiten, diese Buchidee umzusetzen. Dein Roman kann eine Tragödie oder Komödie werden, je nachdem wie du den Stoff interpretierst.

Der Abschnitt über die Motive deutete es bereits an: Es gibt nur selten völlig neue Romanideen. Es gibt vielmehr eine größere Anzahl von literarischen Themen, die in verschiedenen Variationen immer wieder neu bearbeitet werden. Denke nur an „Ein ganzes halbes Jahr" von Joyo Moyes. Immer wieder konnte man lesen, dass der Roman letztendlich nur eine Kopie des Filmes „Ziemlich beste Freunde" wäre und Moyes hier einfach eine Liebesgeschichte daraus gemacht hat. Auch wenn Ähnlichkeiten vorhanden sind, greift diese Kritik letztendlich ins Leere. Joyo Moyes hat der Geschichte von Lou und Will eben ihre ganz individuelle Note gegeben. Wäre der Roman einfach eine freche Kopie, wäre das Buch sicherlich nicht so erfolgreich geworden. Jeder Autor muss seiner Buchidee seinen ganz individuellen Stempel aufdrücken. Ein gutes Buch lebt von der Umsetzung der Geschichte, dem Schreibstil des Autors und den Figuren. Denn mit einer tollen Buchidee alleine kann man noch keinen Verlagslektor überzeugen.

Den meisten Autoren mangelt es nicht an Ideen, dir geht es sicherlich genauso. Häufig kommt die Romanidee ganz von alleine und ist für viele Menschen erst der Anlass, mit dem Schreiben zu beginnen. Hast du deine Buchidee gefunden, ist es wichtig, dass sie dir gefällt und du mit voller Überzeugung hinter deiner Idee stehst. Schreibe auf jeden Fall über ein Thema, das dir liegt. Beim Schreiben eines Romans ist es nie wirklich sinnvoll, aktuellen Trends hinterherzulaufen. Trends können nämlich sehr schnell wieder vergehen. Es ist zum Beispiel nicht ratsam einen Erotikroman zu schreiben, wenn einem das Thema nicht liegt und man nur auf ein erfolgreiches Buch spekuliert.

Es ist wichtig, dass du im Vorfeld genau prüfst, ob dein Geistesblitz bereits für einen Roman mit 200 oder 300 Seiten ausreicht. Diese Frage lässt sich wie folgt beantworten: Kannst du den Handlungsstrang deiner Romanidee grob ausformulieren und zumindest eine DIN-A4-Seite damit füllen? Oder wird es tatsächlich noch umfangreicherer? Gratulation, dann hast du offenbar eine passende Idee für ein Buch gefunden. Ob die Idee dann auch wirklich genug Stoff für einen Roman bietet, zeigt sich dennoch nur verlässlich in der Phase der Planung. Sollte der Test mit dem DIN-A4-Blatt klappen, ist dies schon ein sehr gutes Indiz für eine brauchbare Romanidee. Solltest du hingegen Schwierigkeiten haben, deinen Geistesblitz näher auszuformulieren, dann reicht es vielleicht nur für eine Kurzgeschichte.

2.2 Strukturierung und Zeitplanung

Du hast eine tolle Buchidee für deinen Roman gefunden. Dann kannst du jetzt mit dem Schreiben des ersten Kapitels beginnen? Besser nicht! Jedes Buch bedarf der Strukturierung und Planung, sonst drohen Unstimmigkeiten im Handlungsverlauf und bei der Charakterlogik. Dazu musst du zunächst für deinen Roman recherchieren. Schreibst du einen Kriminalroman, musst du etwas zur Polizeiarbeit und Arbeit von privaten Ermittlern in Erfahrungen bringen. Dies ist nur ein Beispiel anhand der Gattung Krimi. Auch andere Genres bedürfen der Recherche.

Dieser Schreibratgeber behandelt die Planung und das Schreiben eines Buches in zwei separaten Teilen. Eine solche Zweiteilung ist für einen Ratgeber sinnvoll, doch im Schreiballtag werden sich die Phasen Planung und Schreiben immer wieder überschneiden und abwechseln. Um Strukturierung, Recherche und das Verfassen der Kapitel unter einen Hut zu bringen, benötigst du ein gutes Zeitmanagement. Neben einer guten Zeiteinteilung ist es zusätzlich wichtig, dass du Zeitkiller eliminierst, um effektiv an deinem Roman arbeiten zu können. Was heißt das nun konkret?!

2.2.1 Eine Buchidee umsetzen

Du hast eine tolle Idee für ein Buch gefunden und auf seine Umsetzbarkeit hin geprüft. Nun stellt sich die Frage, wie man diese Idee am besten verwirklicht. Doch, weshalb sollte man ein Buch überhaupt planen? Kann man nicht einfach gleich mit dem Schreiben des Romans beginnen? Gerade bei längeren Texten ist es sehr ratsam, zumindest den Hauptkonflikt und die wichtigsten Charaktere im Vorfeld auszuarbeiten, um die angesprochenen Widersprüche und Unstimmigkeiten zu vermeiden. Nur in der Phase der Planung zeigt sich verlässlich, ob du mit deiner Idee ein ganzes Buch füllen kannst. Dabei geht es nicht darum, einen Wälzer zu schreiben, der einen zu erschlagen droht. Vielmehr stellt sich die Frage, ob die eigene Buchidee genug Stoff für einen Konflikt bietet, denn davon lebt jedes Buch. Grundsätzlich kann man es auf eine einfache Formel bringen: Die Zeit, die du in die Planung deines Romans steckst, sparst du später beim Schreiben und Überarbeiten. Es gibt verschiedene Methoden, um ein Buch zu planen und zu strukturieren, die man knapp zusammenfassen kann.

a) Arbeitsexposé

Das Arbeitsexposé stellt eine Zusammenfassung des eigenen Romans dar. Diese Methode der Strukturierung eignet sich für alle literarischen Genres. Wie detailliert man vorgehen möchte, bleibt jedem selbst überlassen. Im Regelfall solltest du zumindest den Hauptkonflikt ausarbeiten und die wichtigsten Charaktere mit ihren Eigenschaften und ihre Entwicklung planen. Perfektionisten sollten jedoch aufpassen und sich nicht zu sehr in Details verlieren. Das Arbeitsexposé ist eine ideale Grundlage für das spätere Exposé, das man mit einer Leseprobe an einen Verlag schickt.

b) Chronologische Tabelle

Mit einer chronologischen Tabelle erstellst du den zeitlichen Ablaufplan deiner Geschichte. Historische Romane und Bücher mit streng linearer Handlung lassen sich mit dieser Methode besonders gut planen. Auf der Zeittafel kannst du einzelne Ereignisse, Orte und das Auftreten von Figuren notieren. Gibt es mehrere Zeitebenen in deinem Roman, nutze einfach zwei oder drei Tabellen nebeneinander, um den Überblick zu bewahren.

c) Storyboard

Das Storyboard kennst du vielleicht von Filmen. Dieses dient der Planung und Visualisierung der einzelnen Szenen des Filmes. Der Ablauf der einzelnen Filmszenen wird mittels einfacher Skizzen dargestellt. Das Aussehen des Storyboards erinnert an einen Comic. Wenn du etwas Talent fürs Zeichnen hast, kannst du einfach versuchen den Hauptkonflikt deines Buches in Bildern zu skizzieren. Schriftsteller nutzen die Technik, um den Handlungsablauf der einzelnen Kapitel bildlich darzustellen. Das Storyboard als Methode eignet sich besonders für Krimis, Thriller und Geschichten, die sich erzähltechnisch an Filmen orientieren.

Beim Planen deines Buches solltest du dich nicht nur auf eine Methode beschränken, sondern kannst die Stärken einer jeden Technik nutzen. Wenn du zum Beispiel einen Kampf im Detail beschreibst, kannst du auf das Storyboard zurückgreifen. Möchte man die Lebensgeschichte des Hauptcharakters wiedergeben, ist die chronologische Tabelle die beste Wahl.

Wer gerne am Computer arbeitet, kann Software zur Strukturierung von Romanen benutzen. Viele Autoren schwören auf das englischsprachige Programm **Scrivener**. Kein anderes Programm auf dem Markt bietet so umfangreiche Funktionen, um ein Buch zu strukturieren und zu planen. Wer auf der Suche nach einer deutschsprachigen Software ist, sollte sich **Papyrus Autor** anschauen. Dieses Programm ist kostenpflichtig, bietet zahlreiche Funktionen, kann andere Schreibprogramme ersetzen und ist kompatibel mit Office-Programmen. Papyrus Autor umfasst zum Beispiel eine Stilanalyse (Prüfung von Wiederholungen, Füllwörtern etc.), prüft die Lesbarkeit (Satzlänge), beinhaltet eine Dudenkorrektur und ein Synonym-Wörterbuch. Eine weitere deutschsprachige und etwas günstigere Alternative ist **Patchwork** aus Österreich. Das kostenlose Programm **yWriter** gab es lange Zeit nur auf Englisch. Nun gibt es mit Version 6 auch eine deutschsprachige Oberfläche. Das Programm ermöglicht die Planung selbst komplexer Handlungsabläufe. Mit der Software kannst du die Handlung deines Buches chronologisch oder nach einzelnen Kapiteln strukturieren. Zusätzlich erlaubt die Software die übersichtliche Verwaltung von Schauplätzen, Figuren und Szenen.

Nicht jeder Autor arbeitet gerne mit Computerprogrammen. Vielleicht greifst du lieber zu einem klassischen Notizbuch oder machst dir Notizen auf DIN-A4-Papier. Wenn du gerne mit Notizen arbeitest, ist ein Schreibtagebuch vielleicht eine Option für dich. Mit einem solchen Tagebuch kannst du deinen Roman besser strukturieren und planen, außerdem hilft dir das Büchlein beim Zeitmanagement. Trage in das Notizbuch ein, was du am Tag für deinen Roman gemacht hast und was du für den nächsten Tag planst. Ein Schreibtagebuch kann durchaus zum regelmäßigen Arbeiten animieren und zu mehr Schreibdisziplin führen. Bei größeren zeitlichen Lücken im Notizbuch solltest du dich gegebenenfalls fragen, ob du wirklich die Ausdauer für ein Buch hast oder wie du das Schreiben besser in den Alltag integrieren kannst.

Beispiel für ein Schreibtagebuch

05.12.2017
Kapitel 4 heute fertiggestellt
Kapitel 5: Bonnie und Clyde reisen nach Missouri
Morgen Recherche in der Stadtbibliothek: Polizeiarbeit in den 30er Jahren in den USA

06.12.2017
Thema vertieft und zwei Bücher ausgeliehen. Struktur von Kapitel 5 noch einmal durchgegangen
Morgen mit dem Schreiben von Kapitel 5 beginnen

Dabei bleibt es jedem selbst überlassen, ob und wie er ein Schreibtagebuch oder Notizbuch führt. Vielleicht willst du damit nur deinen Schreibprozess planen oder du nutzt das Notizbuch von der Ideenfindung bis zum Versenden des Manuskripts an Verlage. Alternativ kannst du dein Schreibtagebuch auch als Ideenbuch nutzen, indem du es zweiteilst. Dokumentiere im vorderen Teil deine Arbeit am Buch und nutze den hinteren Teil, um Ideen aufzuschreiben und dir Notizen zu machen. Dabei sollte ein solches Büchlein allein der Schreibbegleitung dienen und nicht zum Selbstzweck werden. Investiere nicht mehr als 5-10 Minuten am Tag, um dein Schreibtagebuch zu führen.

2.2.2 Recherche für Autoren

Zur Planung eines Romans gehört auch die Recherche, denn nur so kann man einen Roman ohne Logikfehler und Ungereimtheiten verfassen. Wie groß der Aufwand zur Beschaffung von Informationen ist, hängt vor allem vom Genre ab. Eine aufwändige Recherche ist bei historischen Romanen notwendig. Aber auch Science-Fiction und Krimis benötigen ein genaues Vorwissen. Schreibst du Science-Fiction, musst du auf eine Vielzahl von technischen Feinheiten achten und natürlich auch ein gewisses Verständnis für Technik besitzen. Ebenso müssen angehende Krimi-Autoren viel recherchieren. Es reicht hier nicht nur, sich einen besonders raffinierten Mord auszudenken. Willst du einen Krimi schreiben, musst du dir im Vorfeld zum Beispiel folgende Fragen stellen: *Wie funktioniert die Polizeiarbeit in dem Land, in dem die Handlung spielt? Wie geht ein privater Ermittler vor? Wie arbeitet ein Richter?* Selbst für Fantasy-Autoren ist Recherche wichtig. Zwar spielt die Handlung des Romans in einer völlig anderen Welt, doch auch diese muss für den Leser nachvollziehbar sein. Wichtige Fragen abhängig von der Handlung wären: *Wie funktioniert das Regierungssystem? Wie ist die Armee organisiert, die den Orksturm aufhalten soll?* Für Fantasy-Autoren ergeben sich mitunter spezielle Fragen, sie lassen sich nur schwer beantworten. *Wie viel wiegt zum Beispiel ein Troll?* Diese Frage kann relevant sein, wenn man einen glaubwürdigen

Kampf mit einem solchen Ungetüm darstellen möchte. Selbst auf solche Fragen weiß das Internet eine Antwort, wobei Meinungen über das Gewicht von Trollen doch recht weit auseinandergehen.

Dank World Wide Web ist die Recherche für Autoren heute viel leichter. In früheren Zeiten mussten Schriftsteller für ihren Roman noch zig Bibliotheken abklappern und in dunkle Archive hinabsteigen. In Zeiten der Internetrecherche ist dies vorbei. Jedoch solltest du einige Regeln beachten, damit du auch die richtigen und vor allem verlässlichen Informationen findest: Überprüfe jede Information aus dem World Wide Web doppelt. Im Internet findet man schnell jede Information, die man benötigt. Grundsätzlich ist eine Online-Recherche ein guter Weg, um sich zum Beispiel über die Schlacht bei Tannenberg 1410 zu informieren, wenn man einen historischen Roman über den Deutschen Ritterorden schreibt. Gibst du den Suchbegriff bei Google ein, findest du zahlreiche Artikel und Landkarten zur Bewegung der Truppen auf dem Schlachtfeld. Zusätzlich verweist Google auf YouTube-Videos mit Dokumentationen zur Schlacht. Auf diesem Weg kannst du schon sehr viele Informationen für dein historisches Buch gewinnen. Doch ganz gleich, woher deine Informationen aus dem Netz stammen, du solltest diese Fakten immer zweimal kontrollieren. Jede Person kann heute etwas im Internet veröffentlichen. Doch hat diese Person vor einer Veröffentlichung sauber recherchiert? Man weiß es nicht. Vielleicht hält sich jemand nur für einen Experten auf einem Fachgebiet oder die Person will im Extremfall sogar bewusst Fehlinformationen verbreiten. Geht man richtig an die Sache heran, ist Online-Recherche hilfreich und ergiebig.

Doch du solltest dich nicht nur auf das Internet verlassen. In Bibliotheken kannst du nach wie vor wichtige Informationen für deinen Roman finden und das Thema vor allem vertiefen. Hier findest du viel Fachliteratur, die das Thema deines Buches viel ausführlicher behandelt als es im Internet möglich wäre. Achte auf möglichst aktuelle Literatur, denn sonst könnten die Ergebnisse bereits überholt sein. Ein Beispiel sind neue Erkenntnisse bei der historischen Forschung, die alte Annahmen über einen Schlachtverlauf revidieren. Wer zum Beispiel einen historischen Roman über die Varusschlacht schreibt und sich hier auf ältere Forschungsliteratur bei der Recherche stützt, wird mitunter einige Fakten falsch darstellen. Neben dem Besuch in einer Bibliothek kannst du für deinen Roman auch Zeitzeugen (vielleicht nicht unbedingt zur Varusschlacht) befragen und Museen und Archive aufsuchen. Auch das Eintauchen in die Handlung am „Tatort" kann höchst inspirierend sein. Am Ende kommt es bei der Informationsbeschaffung für dein Buch auf die richtige Mischung an.

Wie intensiv muss man für seinen Roman eigentlich recherchieren? Dies hängt vor allem vom Thema des Buches und vom Vorwissen des Autors ab. Die Frage ist aber durchaus berechtigt. Recherche kann schnell zum echten Zeitfresser werden. Muss man wirklich noch das vierte und fünfte Buch zum höfischen Leben in Versailles durchschauen? Wohl eher nicht. Man könnte es auf diese Formel bringen: Das Buch muss nicht perfekt sein. Fehlen dir jedoch wichtige Informationen zu deinem Roman, musst du diese recherchieren, du solltest bei der Recherche allerdings nicht dem Perfektionismus verfallen. Bei fast jedem Roman wird es immer wieder Leser geben, die von logischen Fehlern oder fehlendem Realismus sprechen. Ein Beispiel hierfür ist der Roman „Ein ganzes halbes Jahr" von Jojo Moyes. Gerade Personen, die Erfahrungen mit Menschen im Rollstuhl haben, kritisierten den Roman von Moyes (z.B. in den Rezensionen) als stellenweise nicht realistisch. Dabei mögen einige Einwände ihre Berechtigung haben. Doch ein Roman ist immer noch Fiktion und kann nicht in allen Punkten die Realität abbilden. Dem Roman von Jojo Moyes haben die Kritiken am Ende nicht geschadet. Das Buch hat sich weltweit erfolgreich verkauft, viele Leser begeistert und wurde am Ende sogar verfilmt.

2.2.3 Zeit zum Schreiben finden

Das eigene Buch strukturieren, Recherche betreiben und natürlich wollen die Kapitel auch geschrieben werden, dazu bedarf es eines guten Zeitmanagements, was leichter gesagt als getan ist. Viele Autoren kennen dieses Problem: Man möchte an seinem Buch schreiben, findet aber nie die Zeit für den Roman. Geht es dir auch so? Dann liegt es vielleicht an deinem Zeitmanagement. Mit dem richtigen Selbstmanagement kann man täglich ein wenig Zeit für sein Buch und das Schreiben gewinnen. Natürlich steht dir mit einer durchdachten Zeitplanung nicht plötzlich mehr Zeit am Tag zur Verfügung. Es geht vor allem darum, deine Zeit effektiver zu nutzen. Zeitmanagement basiert auf zwei Säulen: Der besseren Organisation unserer Stunden und dem Vermeiden von Zeitkillern. Weiterhin ist es wichtig, dass du Prioritäten richtig setzt und bei deinem Buchprojekt diszipliniert bist, sonst bringt die beste Organisation nichts.

Vielleicht hast du dich bereits mit einer besseren Zeitplanung und dem Selbstmanagement beschäftigt. Im Internet und Buchhandel findet man eine Vielzahl von Informationen hierzu. Dabei dürften dir immer wieder die gleichen Methoden wie die ABC-Analyse oder das Eisenhower-Prinzip begegnen. Ebenso beliebt bei den Tipps zum besseren Zeitmanagement sind To-Do-Listen oder ausgeklügelte Zeitpläne. Die hier genannten Methoden wurden vor allem für den Büroalltag erarbeitet. Diese Tipps helfen Autoren, die in ihrer Freizeit an ihren Roman schreiben, häufig nicht weiter. Du findest im Folgenden einige konkrete Tipps zum Zeitmanagement für Schriftsteller.

a) 30 Minuten bis 60 Minuten schreiben

Deine Zeit zum Schreiben ist knapp? Doch 30 bis 60 Minuten an Freizeit solltest du jeden Tag haben. Das hoffen wir zumindest. Stelle die gewünschte Zeit zum Beispiel auf einem Wecker oder einer Stoppuhr ein und arbeite die ganze Zeit über intensiv ohne Pause an deinem Roman. Wenn der Wecker klingelt, kannst du den Stift fallen lassen oder auch gerne weiterschreiben. Hier geht es vor allem darum, dass du dir mit dem richtigen Zeitmanagement kleine Zeitinseln schaffst. Selbst wer zeitlich sehr angespannt ist, sollte wirklich jeden Tag 30 bis 60 Minuten zum Schreiben finden. Diese kleinen Zeiträume kann man auch seiner Familie erklären und darauf hinweisen, dass man nun für ca. 45 Minuten nicht gestört werden möchte. Schalte in diesem Zeitraum auch dein Handy aus, damit du hier nicht unterbrochen wirst. Eine Schreibzeit von 30 bis 60 Minuten wird dir sicherlich etwas kurz erscheinen, doch es geht hierbei vor allem um das kontinuierliche Arbeiten an deinem Roman.

b) Feste Schreibzeiten

Dieser Tipp zum Selbstmanagement steht in einem engen Zusammenhang mit der vorhergehenden Strategie. Vielleicht gelingt es dir, über diese kurzen Schreibphasen deine ideale Schreibzeit zu finden und daraus regelmäßige Arbeitszeiten zu machen. Dieser Tipp macht besonders Sinn, wenn fehlende Zeit nicht das eigentliche Problem ist, sondern es eher an der Schreibdisziplin mangelt. Hast du grundsätzlich Zeit für deinen Roman, kommst aber irgendwie nie zum Schreiben, weil doch immer „etwas dazwischen" kommt? Dann stimmt etwas mit deinem Zeitmanagement nicht. Hier musst du letztendlich Prioritäten setzen und feste Schreibzeiten pro Tag festlegen. Zu Beginn reicht es, wenn du jeden Tag zwischen 18 und 19 Uhr schreibst. Später kannst du diese Zeit zum Beispiel bis 20 Uhr verlängern. Wenn du eher ein Morgenmensch bist, kannst du auch eine Stunde früher aufstehen und die Zeit zwischen 6 und 7 Uhr mit einem guten Kaffee als deine feste Schreibzeit bestimmen. Wichtig ist nur, dass du regelmäßige Schreibzeiten findest. Auf diese Weise wird dein Buch auch große Fortschritte machen.

c) Wartezeiten effektiv nutzen

Wir haben im Alltag regelmäßig kurze Wartezeiten. Dazu gehört das Warten beim Arzt oder auf die (verspätete) Bahn. Zu einem effektiven Zeitmanagement gehört es, diese kleinen Zeitfenster zu nutzen. Autoren wird grundsätzlich empfohlen, immer ein Notizbuch dabei zu haben, um sich jederzeit Ideen notieren zu können. Ein solches Büchlein macht auch für dich Sinn und hier geht es nicht nur darum, Geistesblitze niederzuschreiben. Während kurzer Wartezeiten, kannst du an deinem Roman weiterarbeiten. Es geht hier nicht so sehr um das Schreiben. Aber vielleicht kannst du in der kurzen Zeit ein Kapitel strukturieren oder einen Charakter in seinen Grundzügen erstellen. Wer häufiger mit der Bahn unterwegs ist, sollte diese Zeiten auf jeden Fall effektiv nutzen. Gerade im ICE bietet die Bahn gute Möglichkeiten zum Arbeiten. Zu einem effektiven Zeitmanagement gehört es, Fahrten mit dem Zug nicht ungenutzt verstreichen zu lassen. Vielleicht kannst du dich im Zug nicht unbedingt auf das Schreiben konzentrieren, aber vielleicht kannst du ein ausgedrucktes Kapitel Korrekturlesen oder mit Anmerkungen zur Überarbeitung versehen.

Es ist einfach wichtig, dass du kleine Zeitfenster während des Tages sinnvoll nutzt. Hier gilt das alte Sprichwort: Kleinvieh macht auch Mist. Das Ziel sollte es sein, dass du täglich an deinem Roman schreibst und arbeitest. Regelmäßiges Arbeiten an deinem Werk wird auch der Qualität deines Buches guttun.

d) Arbeitsprozesse beenden

Zu einem guten Zeitmanagement gehört es auch, dass du einzelne Arbeitsprozesse möglichst am selben Tag beendest. Nehmen wir einmal an, du schaust eine umfangreiche Liste mit Daten zu deinem historischen Roman durch. Diese Liste ist aber lang und die Durchsicht reichlich monoton. Da machst du doch lieber morgen weiter und schreibst noch etwas. Am nächsten Tag weißt du vielleicht nicht mehr, wo du in der Liste stehengeblieben bist und du darfst von vorne anfangen. Die Liste mit den historischen Daten ist nur ein Beispiel. Es gehört zum effektiven Zeitmanagement einzelne (oft kleinere) Arbeitsprozesse am selben Tag zu beenden, sofern dies möglich ist.

Unabhängig von allen Tipps sind die Grundlagen eines guten Zeitmanagements: Disziplin und Effektivität.

Um es noch einmal auf den Punkt zu bringen: Nutze deine vorhandene Freizeit für das Schreiben, auch wenn gerade eine andere Tätigkeit mehr Spaß macht. Feste Schreibzeiten können hier helfen. Durch die konsequente Nutzung von kurzen Wartezeiten im Alltag, kann man sein Buchprojekt immer ein Stück vorantreiben. Ebenso ist es sinnvoll, kleine Arbeitsprozesse so zu planen, dass man diese Arbeitsschritte am gleichen Tag beenden kann. So sparst du dir die Einarbeitungszeit am nächsten Tag. Ein effektives Zeitmanagement ist nicht der einzige Schlüssel, um mehr Zeit zum Schreiben zu finden. Um wirklich mehr Zeit für deinen Roman zu gewinnen, musst du auch die Zeitkiller in deinem Leben konsequent eliminieren. Dazu mehr im Folgenden.

2.2.4 Zeitkiller eliminieren

Es ging im letzten Kapitel um ein besseres Zeitmanagement für Romanautoren. Allerdings ist es genau so wichtig, Zeitkiller zu erkennen und nach Möglichkeit zu eliminieren. Auf diese Weise kannst du wertvolle Zeit für dein Buch und das Schreiben gewinnen. Es gibt eine Menge typischer Zeitfressern, die jeder kennt. Andere Zeitkiller sind wiederum recht individuell und du wirst diese vielleicht gar nicht in der Auflistung finden. Was nicht behandelt wird, sind offensichtliche Zeitkiller wie Fernsehen, Computer spielen oder in der Kneipe sitzen. Das man auf diese Weise keine Fortschritte bei seinem Buch macht, dürfte jedem klar sein. Hier hapert es einfach an der notwendigen Schreibdisziplin und damit der Grundlage für ein effektives Zeitmanagement. Im Folgenden geht es um Zeitfresser, die dich während des Schreibprozesses ausbremsen.

a) Facebook & Co – Der Zeitkiller Nummer 1

Was ist heute für die meisten Menschen der Zeitkiller Nummer 1? Richtig, das Internet und vor allem die Sozialen Medien. Mit Facebook, Twitter und Co. kannst du sehr viel Zeit verschwenden. Vielleicht möchtest du nur noch schnell sehen, was deine Freunde gepostet haben, bevor du mit dem Schreiben beginnst. Am Ende bleibst du länger in den Sozialen Medien als geplant. Die Zeit, die du für dein Buch eingeplant hast, schwindet dahin. Oder du bist gerade an deinem Roman dran und es kommt ständig eine Nachricht über WhatsApp, die du nach Möglichkeit sofort beantworten solltest. Selbst eine E-Mail kann schon dafür sorgen, dass du von deiner Arbeit am Roman abgelenkt wirst. Wie du siehst, sind die Sozialen Medien echte Zeitkiller und lenken uns von unserer eigentlichen Arbeit am Schreiben ab. Zu einem effektiven Zeitmanagement gehört es, solche Zeitfresser zumindest während des Schreibens zu eliminieren. Wenn du an deinem Buch arbeitest, solltest du am besten dein E-Mail-Programm und den Internet-Browser schließen. Zusätzlich macht es Sinn, dein Smartphone abzuschalten. So bist du letztendlich gegen Ablenkungen gefeit und kannst in Ruhe arbeiten.

b) Perfektionismus – Der perfekte Zeitkiller

Perfektionismus ist ein weiterer bekannter Zeitkiller. Feilst du zum Beispiel lange an deinen Sätzen, bis diese perfekt sind? Bei der abschließenden Korrektur des Kapitels ändern sich dann aber wieder viele Formulierungen. Oder kann es dir bei der Recherche nicht genau genug sein? Für deinen historischen Roman bist du schon am siebten Fachbuch dran, viel Neues erfährst du dort jedoch nicht. Oder du sortierst deine alten Notizen zum Roman aus, dabei schaust du deine Unterlagen immer und immer wieder durch. Am Ende könnte etwas im Papierkorb landen, was du noch gebrauchen kannst. Diese hier genannten Beispiele sind alles Zeitkiller. Bei einem übersteigerten Perfektionismus hilft das beste Zeitmanagement nichts. Von Aristoteles ist ein hilfreiches Zitat für alle Perfektionisten überliefert: *„Der Gebildete treibt die Genauigkeit nicht weiter, als es der Natur der Sache entspricht."* Du solltest das nicht als Aufforderung verstehen, unpräzise zu arbeiten. Aber es stellt sich die Frage, wie genau man zum Beispiel bei einem historischen Roman sein muss und kann. Du arbeitest immerhin an einer fiktiven Geschichte und nicht an deiner Promotion in Geschichte. Man könnte es im Zeitmanagement auf folgende Formel bringen: Etwas weniger Perfektionismus ist etwas mehr Zeit für die eigentliche Arbeit an deinem Roman.

Also, feile nicht ewig an einzelnen Sätzen. Natürlich sollte ein gut lesbarer Text entstehen, doch der letzte Feinschliff kommt beim Korrekturlesen deines Romans. Beim Lektorat deines Buches stehen deine Sätze erneut auf dem Prüfstand. Was du mit sehr viel Aufwand immer und immer wieder neu formuliert hast, fällt stellenweise dem Rotstift zum Opfer.

c) Aufschieberitis als Zeitkiller

Du kennst sicherlich die sogenannte *Aufschieberitis*. Hier schiebt man unangenehme Aufgaben immer wieder hinaus und erledigt stattdessen weniger wichtige Dinge. Der Fachbegriff für dieses Aufschieben von Aufgaben heißt Prokrastination (lateinisch von Aufschub, Vertagung). Auch hier handelt es sich um einen Zeitkiller, auch wenn dies nicht so offensichtlich ist. Das Problem entsteht dadurch, dass notwendige und wichtige Aufgaben liegen bleiben. Du widmest dich dann vielleicht einer anderen Tätigkeit, die im schlimmsten Fall Zeitverschwendung ist. Nehmen wir einmal an, du bist kein großer Freund vom Korrekturlesen. Statt dich dem notwendigen Lektorat deines Romans zu widmen, recherchierst du lieber noch einmal nach Verlagen für dein Manuskript. Zwar hast du bereits eine Liste von passenden Buchverlagen für deinen Roman, aber man könnte ja etwas übersehen haben. Letztendlich bringt die Recherche keine neuen Erkenntnisse und die notwendigen Korrekturen wurden nur hinausgeschoben. Ein gutes Zeitmanagement sieht anders aus. Jeder hat seine Aufgaben, die er ungern angeht und am liebsten hinausschiebt. Letztendlich müssen diese getan werden, auch wenn dies einfach gesagt ist. Wenn du größere Probleme mit Aufschieberitis hast: Es gibt im Internet auch Artikel, die sich speziell mit dem Thema Prokrastination beschäftigen.

d) Persönliche Zeitkiller

Jeder hat sicherlich seine persönlichen Zeitfresser. Dauert bei dir das Tippen am Computer zum Beispiel ungewöhnlich lange? Oder bist du dir unsicher bei der Kommasetzung und musst immer wieder nachschlagen? Vielleicht kämpfst du mit deinem Schreibprogramm, und Formatierungen des Textes dauern bei dir immer ungewöhnlich lange? Das alles sind persönliche Zeitkiller. Man kann die Zeitfresser jedoch analysieren und so weitestgehend eliminieren. Vielleicht lernst du 10-Finger-Tippen, hierfür gibt es kostenlose Lernprogramme im Internet. Die Zeit, die du hier investierst, zahlt sich später wieder aus. Vielleicht lernst du nicht wirklich mit zehn Fingern zu Tippen, aber ein wenig schneller dürfte es nach etwas Übung gehen. Das Tippen am Computer ist nur ein Beispiel von vielen. Jeder kennt seine ganz persönlichen Zeitkiller, diese können durchaus etwas skurril sein. Zu einem guten Zeitmanagement gehört es, diese Probleme anzugehen. In den meisten Fällen gibt es eine Lösung, auch wenn du etwas Zeit investieren musst. Auf lange Sicht lohnt es sich.

Das Erkennen und Bekämpfen von Zeitkillern kann noch effektiver als eine gute Zeitplanung sein. Auch hier ist Disziplin die Grundlage für ein gutes Zeitmanagement. Sei konsequent und schalte dein Smartphone aus, auch wenn du neugierig auf eingehende Nachrichten bist. Dazu solltest du bereit sein, deine Gewohnheiten zu ändern. Dies gilt besonders für die Perfektionisten unter den Autoren und für alle Personen mit einem Hang zu Aufschieberitis. Es ist nicht immer einfach, Zeitkiller zu bekämpfen, doch die Mühe lohnt sich: Am Ende hast du mehr Zeit für dein Buch.

3. Ein Buch schreiben

Der zweite und umfangreichste Teil des Ratgebers behandelt das Thema *Roman schreiben*. Bevor es um den eigentlichen Schreibprozess geht, beschäftigen wir uns mit einigen zentralen Fragen des kreativen Schreibens. Ist Schreiben ein reines Handwerk, das jeder erlernen kann und wie wichtig ist Talent zum Buchschreiben? Darüber hinaus gibt dieser Ratgeber wichtige Tipps, wie du lästige Schreibblockaden überwindest und Motivation zum Romanschreiben findest. Blockaden und Unlust zum Schreiben treffen fast jeden Autor während der Arbeit an seinem Buch. Ein weiterer Teil des Ratgebers beschäftigt sich mit Erzählperspektiven, Charakterentwicklung und Schreibstil. Wir stützen uns in diesen Kapiteln auf Erkenntnisse der Erzähltheorie und der antiken Rhetorik. Dabei wirst du sehen, dass die antike Theorie auch heute noch aktuell ist. Die Theorie der antiken Rhetorik fand in Autorratgebern bisher kaum Beachtung. Die Rhetorik hat eine Schreibtheorie entwickelt und bietet äußerst wertvolle Tipps für Autoren. Starten wir mit der Frage nach dem Talent.

3.1 Regeln vs. Talent

Kann man überhaupt lernen, ein Buch zu schreiben? Oder kommt es vielmehr auf das Talent des Autors an? Die Frage ist so alt wie die Dichtung selbst und wurde je nach Zeitalter unterschiedlich beantwortet. Renaissance und Barock war die Zeit der Regelpoetik, im Sturm und Drang wie auch in der

Romantik wollten die Autoren am liebsten alle Regeln über Bord werfen. Die Wahrheit liegt wie so oft in der Mitte. Schreiben ist vor allem ein Handwerk und ein gutes Buch ist harte Arbeit. Wer jedoch kein Talent zum Schreiben mitbringt, hierzu gehören zum Beispiel ein gewisses Sprachgefühl oder die Fähigkeit fiktive Geschichten zu kreieren, wird als Autor seine Leser nur schwer begeistern können. Bevor es um das Thema „Kreatives Schreiben" geht, beleuchten wir beide Seiten der Medaille: Sture Regeltreue und Schwärmerei für das literarische Genie. Beide Seiten gilt es zu hinterfragen.

3.1.1 Show, don´t tell

Show, don´t tell (Zeigen, nicht erzählen) dürfte die wichtigste Regel von Schreibratgebern und kreativen Schreibkursen sein. Wenn du bereits einen Kurs für kreatives Schreiben besucht hast, wurde dir sicherlich eingeimpft: Du sollst in deinem Roman dem Leser etwas zeigen und nicht erzählen. Doch was steckt genau hinter der Regel Show, don´t tell? Ist dieser Grundsatz für die moderne Literatur wirklich so elementar, wie man häufig in Schreibratgebern lesen kann? Die Regel fordert zum szenischen Schreiben und einer filmischen Erzählstruktur auf. Handlung und Dialog sollen im Vordergrund stehen, es geht um eine plastische Darstellung und Beschreibung von Details, wie du an diesem Beispiel sehen kannst.

Tell

Marta bereitete das Mittagessen zu.

Show

Marta war in der Küche voll beschäftigt. Während das Hackfleisch für die Bolognese Sauce in der Pfanne brutzelte, schielte sie immer auf den Topf mit dem Wasser. Wirst du wohl langsam kochen, damit ich die Nudeln hineinwerfen kann. Marta schaute besorgt auf die Uhr. Franz wurde immer so ungehalten, wenn nicht Punkt 12 Uhr das Essen auf dem Tisch stand und nun war es schon fünf vor zwölf.

Der Leser soll auf diese Weise die Handlung vor Augen haben und sich mit den Charakteren besser identifizieren können. Dabei siehst du recht deutlich: Zeigen nimmt durch die vielen Details mehr Platz in Anspruch als das reine Erzählen. Es wurde bereits erwähnt. Show, don´t tell ist DIE Regel moderner Schreibkurse und Schreibratgeber. Dabei ist der Grundsatz zum szenischen Erzählen nicht wirklich neu. Show, don´t tell ist letztendlich eine Reaktion der Literatur auf das Aufkommen von Kino und Film. Mit einer filmischen Erzählstruktur kommt der Autor den Rezeptionsgewohnheiten der Leser entgegen und kann so ihre Aufmerksamkeit gewinnen. Tatsächlich ist dieser Grundsatz, sagen wir mal, deutlich älter als der Film. Schon vor einiger Zeit schrieb ein spanischer Hochschullehrer folgenden Ratschlag für einen eindringlichen Erzählstil nieder:

„Zweifelslos nämlich erfaßt derjenige, der sagt, die Stadt sei erobert worden, alles, was nur ein solcher Schicksalsschlag enthält, jedoch dringt es wie eine knappe Nachricht zu wenig tief ein in unser Gefühl. Wenn du dagegen das entfaltetest, was alles das eine Wort enthielt, dann wird das Flammenmeer erscheinen, das sich über die Häuser und Tempel ergossen hat, das Krachen der einstürzenden Dächer und das aus den so verschiedenen Lärmen entstehende eine Getöse, das ungewisse Fliehen der einen, die letzte Umarmung, in der andere an den Ihren hängen, das Weinen der Kinder und Frauen und die unseligerweise bis zu diesem Tag bewahrten Greise, [...]." (Quint VIII 3, 67f.)

Die Beschreibung der zerstörten Stadt geht im zitierten Text noch einige Zeilen weiter. Zeigen nimmt deutlich mehr Raum als Erzählen ein. Die zitierte Stelle stammt aus dem praktischen Rhetorik-Handbuch „Die Ausbildung des Redners" von Marcus Fabius Quintilianus oder auch einfach Quintilian genannt. Der Spanier war im 1. Jahrhundert nach Christus der erste staatlich besoldete Rhetorikprofessor in Rom. Im Jahr 95 entstand das besagte Handbuch. Bereits hier findet man die „moderne" Regel Show, don`t tell. Die antike Rhetorik kennt den Grundsatz unter dem Begriff evidentia. In der antiken Rhetorik spielte die detaillierte Darstellung von Handlungsabläufen vor Gericht eine zentrale Rolle. Ging es zum Beispiel um einen Mordfall, legte der Redner alles daran, den Richtern das Verbrechen besonders plastisch vor Augen zu führen. Es ging um ein detailliertes Beschreiben und die Erregung der Gefühle. Im Idealfall präsentierte man noch das blutige Hemd des Opfers. Bei den Richtern handelte es sich in der Antike häufig um Laienrichter, die sich wesentlich leichter beeinflussen ließen als Profis. Für eben diese gezielte Beeinflussung von Richtern hat die Antike eine ausführliche Erzähltheorie entwickelt, wir finden Teile davon in der Ausbildung des Redners. Noch früher als Quintilian behandelt Aristoteles die evidentia und spricht vom „Vor-Augen-Führen". Dies erinnert ganz stark an die filmische Erzählstruktur der modernen Literatur, denn dieses „Vor-Augen-Führen" ist der eigentliche Kern der Regel Show, don´t tell. Einige Jahrhunderte später hat es dann Joseph Conrad sehr schön auf den Punkt gebracht: *„Das Ziel des Schreibens ist es, andere sehen zu machen."*

In welcher Form du dem Leser deine Handlung vor Augen führst, bleibt dir als Autor überlassen. Das plastische Zeigen der modernen Literatur ist letztendlich ein Weg dahin. Doch hier sollte man es nicht übertreiben. „Show" nimmt in einem Manuskript deutlich mehr Raum als „Tell" ein. Ein detailliertes Niederschreiben und die Verwendung von Dialogen in deinem Roman sind nur sinnvoll, wenn die beschriebene Situation für die Handlung von Bedeutung ist. Es stellt sich durchaus die Frage, ob man eine Alltagshandlung wie das Zubereiten eines Mittagessens in aller Breite beschreiben muss. Sollte Marta allerdings Gift in die Bolognese Sauce mischen, um dem ewigen Nörgeln von Franz ein für alle Mal ein Ende zu bereiten, dann steht das Zeigen im Vordergrund. Handelt es sich nur um Belanglosigkeiten oder möchtest du größere Zeiträume beschreiben, ist das knappe Erzählen angebracht.

Unser Fazit: Show, don`t tell ist zweifellos eine wichtige und sinnvolle Regel der modernen Literatur. So kommst du dem heutigen Leser entgegen, der durch Kino und Fernsehen vor allem filmische Erzählstruktur gewohnt ist. Grundsätzlich solltest du dich nie sklavisch einer Regel unterwerfen, auch wenn Schreibratgeber diese für noch so wichtig halten. Jeder Roman braucht eine gesunde Mischung aus show und tell. Dazu bestimmen nicht Schreibregeln deinen Schreibstil als Autor, sondern ganz allein du selbst.

3.1.2 Kreatives Schreiben und Regeln

Im vorhergehenden Kapitel wurde es überdeutlich: Das Mantra der modernen Schreibschule heißt Show, don`t tell. Jeder Autorenratgeber behandelt diese Regel und kein Schreibkurs kommt ohne diesen Grundsatz aus. Der Blog Schreibwahnsinn bemerkt durchaus treffend zu dieser Schreibregel: *„Als Schreibanfänger kriegt man diesen Satz so oft um die Ohren gehauen, bis er einem aus selbigen raushängt. Ernsthaft. Ich konnte ihn nach einer Weile nicht mehr hören, habe ihn regelrecht gehasst."* Hast du auch so deine Probleme mit mancher Schreibregel?

Dieses Kapitel wendet sich an alle Autoren, die von den immer wiederkehrenden Tipps und Regeln in Kursen und Ratgebern müde sind. Nach dem Thema *sture Regeltreue* behandeln wir die andere Seite der Medaille. Dazu bedienen wir uns einer inspirierenden Schrift. Das zitierte Buch ist heute nahezu vergessen, lückenhaft überliefert und der Autor kann nicht bestimmt werden. Die Rede ist von der antiken Schrift *„Vom Erhabenen"* eines gewissen Longin oder Longinus. Mitunter heißt der Autor auch Dionysios Longinos, Pseudo-Longinos oder einfach nur Anonymus. Diese Namen beruhen auf fehlerhaften Zuordnungen zu möglichen Verfassern. In all den Jahrhunderten ist es nicht gelungen, den Autor zu identifizieren und es wird auch höchstwahrscheinlich nicht mehr gelingen. Einige Details können wir aber dennoch seinem Buch entnehmen. Der Schriftsteller lebte offenbar im 1. Jh. n. Chr., war Grieche, sprach auch Latein und bewegte sich in vornehmen Kreisen. Er war gebildet, hat alle wichtigen Autoren der Antike gelesen und ein treffsicheres literarisches Urteilsvermögen. Mehr wissen wir über den Autor nicht. Dazu kommt, dass seine Schrift lückenhaft ist. Von den ehemals 112 Seiten fehlen 36 Seiten, damit ist mehr als ein Drittel der Schrift verloren. Man kann nur spekulieren, was in den fehlenden Stellen behandelt wurde. Doch was von der Schrift übriggeblieben ist, ist zugleich beeindruckend und inspirierend.

Im kleinen Büchlein „Vom Erhabenen" geht es um wahrhaft große Literatur. Longin (wie der Autor nun heißen soll) behandelt einen Schreibstil, der mitreißt, den Lesern im Gedächtnis bleibt und allgemein Gefallen findet. An einer Stelle vergleicht der Autor diesen Sprachstil mit einem zuckenden Blitz, der alles zerteilt und schlagartig seine geballte Kraft zeigt. Es geht um wirklich große Literatur, sie findet allgemein Gefallen: *„Überhaupt, halte das für vollkommen und wahrhaft erhaben, was jederzeit und allen gefällt."* (Longin, 7 (4)). Doch es soll gar nicht um die genaue Bestimmung des erhabenen Stils gehen. Es geht vielmehr um die Botschaft, die der Autor in seinem Buch vermitteln möchte. Die Schrift behandelt die Frage, wie man solch große Literatur erschafft. Im lückenhaften Manuskript gibt es eine wunderbare Stelle. Diese kleine Passage hat besonders Schriftsteller im 17. und 18. Jh. immer wieder inspiriert: *„Ich weiß nun wohl, daß große Naturen* *keineswegs fehlerfrei sind; Korrektheit nämlich in allem birgt Gefahr kleinlich zu werden. Im Großen aber muß, wie bei Reichtum im Übermaß, auch etwas sein, was vernachlässigt wird; und vielleicht muß es sogar so sein, daß kleine und mittelmäßige Geister, die nie etwas wagen und nie nach den Sternen greifen in der Regel fehlerfrei und sicher bleiben, während das Große eben durch seine Größe strauchelt. [..] . Freiheit vor Fehlern schützt vor Tadel; das Große hingegen erntet Bewunderung.*" (Longin, 33 (2), 36 (1)) Diese Stelle ist als „Genie und Regel" bekannt. Der Abschnitt bei Longin hat einen großen Beitrag zum Geniegedanken etwa im Sturm und Drang geleistet. Alle Autoren, die sich von Zwang und Regel befreien wollten, haben sich den Gedanken von Longin bedient. Dabei ist diese Rezeption verkürzt. Der anonyme Autor macht in seiner Schrift immer wieder deutlich, dass neben Talent auch Studium, Methode und Technik für einen guten Autor notwendig sind. Schreiben kann man also durchaus lernen. Doch die Diskussion über Genieästhetik soll hier gar nicht im Vordergrund stehen: Es geht vielmehr um die Frage, was heutige Autoren von der antiken Schrift „Vom Erhabenen" lernen können.

Der griechische Autor macht Mut, einmal gegen den Strom zu schwimmen und den eigenen Kopf durchzusetzen. Die kleine Passage „Genie und Regel" vermittelt eine ganz wichtige Botschaft. Wer einen großen und überzeugenden Roman schreiben möchte, muss etwas wagen. Dazu kann es gehören, dass du bestimmte Regeln der Literatur zumindest stellenweise verletzt. Über Tolkien wurde gesagt, dass „Herr der Ringe" heute keine Chance mehr auf Veröffentlichung hätte. Der Roman verstößt an einigen Stellen gegen elementare Regeln, die bereits Schreibanfänger in Kursen zum kreativen Schreiben lernen. So wurde kritisiert, dass er die Zerstörung von Isengart in einem Rückblick erzählt. Gern wird auch das Kapitel „Der Rat von Elrond" bemängelt. In diesem recht langen Kapitel passiert nach der Sicht einzelner Kritiker fast gar nichts. Unabhängig, ob diese Kritik berechtigt ist: Wie viele Kapitel gibt es im „Herr der Ringe", die du bewunderst und nicht missen willst? Dieses Beispiel verdeutlicht, was Longin mit Regelverletzungen meint. Erzähle nicht in Rückblenden. Show, don`t tell. Vermeide Genremix. Manchmal muss man diese Regeln symbolisch im feurigen Berg versenken. An einer Stelle schreibt Longin sinngemäß: Er ist für ein großes (leicht fehlerhaftes) Werk bereit, auf die Bücher von allen mittelmäßigen Autoren zu verzichten. Was würdest du wählen: Tolkien oder eine ganzes Regal mit mehrteiligen Fantasy-Sagas?

3.2 Der Schreibprozess

Bei aller Euphorie für den faszinierenden antiken Autor Longin und sein Kapitel „Genie und Regel": Wirf unseren Ratgeber jetzt bitte nicht stürmisch in die Ecke. Kreatives Schreiben basiert vor allem auf Handwerk und ist erlernbar, auch wenn eine gewisse Portion Talent nicht fehlen darf. Das Thema Schreibhandwerk wird in diesem Abschnitt dominieren. Bevor es um Details des kreativen Schreibens wie Erzählperspektive oder Charakterentwicklung geht, beleuchtet der Ratgeber einige wichtige allgemeine Fragen. Welche Fehler solltest du vermeiden, wenn du deinen Roman schreibst? Natürlich können wir in diesem Kapitel nur die gängigsten Fehler behandeln. Wie geht man mit Motivationsproblemen und Blockaden beim Schreiben um.

Schreibunlust und Blockaden beim Verfassen von Romanen treten im Regelfall bei jedem Autor während des Schreibprozesses auf. Es gibt verschiedene Methoden, um diese Probleme anzugehen, diese Techniken sollte jeder Schriftsteller kennen.

3.2.1 Typische Fehler beim Buch schreiben

Wer sein erstes Buch schreibt, macht häufig typische Fehler. Der Volksmund spricht gerne von Lehrgeld. Doch dies muss nicht sein. Wenn du die schlimmsten Stolperfallen beim Roman schreiben kennst, kannst du diese Probleme vermeiden. Dieses Kapitel soll besonders Erstautoren Orientierung geben und behandelt klassische Fehler von der Buchidee, über die Charakterentwicklung bis zur Covergestaltung. Diese häufigen Fehler solltest du kennen, bevor du mit dem Schreiben an deinem Roman beginnst.

a) Trends nachlaufen

Dein Roman wird garantiert ein echter Erfolg, weil du über ein besonders trendiges Thema schreibst? Vergleichbare Bücher sind schließlich aktuell ein echter Renner auf dem Buchmarkt. Doch Vorsicht bei der Themenwahl, denn hier könntest du bereits den ersten Fehler begehen, bevor du eine Zeile schreibst. Es ist nie ratsam Trends nachzulaufen. Was heute bei den Lesern noch „in" ist, kann bereits morgen vergessen sein. Kannst du einschätzen, wie der Buchmarkt sich entwickelt, wenn dein Roman fertig ist? Es soll Autoren geben, die eine Idee für ihr Buch nicht nach Interesse auswählen, sondern nach dem Kriterium „Verkaufserfolg". Natürlich ist es wichtig, sich auch darüber Gedanken zu machen, doch es ist immer ratsam, über ein Thema zu schreiben, das dir liegt. Nur so stehst du hinter deinem Roman und das Schreiben macht auch Freude. Schließlich hast du mit dem Schreiben begonnen, um deine Geschichte zu erzählen.

b) Genremix

Zu welchem Genre gehört dein Buch? Ist es Fantasy oder vielleicht ein Kriminalroman oder arbeitest du an einem historischen Roman? Vielleicht bist du dir über das Genre gar nicht so sicher oder du hast dich bewusst für einen Genremix entschieden. Du schreibst einen Liebesroman mit Science-Fiction. Denkbar wäre auch ein historischer Krimi. Literarisch ist vieles möglich und es gibt für jeden Genremix gute und erfolgreiche Beispiele. Man denke nur an „Solaris" von Stanislaw Lem, der SF-Roman enthält eine Liebesgeschichte. Der „Name der Rose" von Umberto Eco ist sowohl ein Krimi, als auch ein historischer Roman. Obwohl es viele erfolgreiche Romane in diesem Bereich der Literatur gibt, gilt der Genremix für Erstautoren als Fehler beim Buch schreiben. Entscheide dich für ein dominierendes Genre und damit auch für eine Zielgruppe deines Buches. Es ist sinnvoll, diese Entscheidung möglichst früh zu treffen, idealerweise wenn sich dein Roman noch in der Anfangsphase befindet.

c) Zu wenig und zu viel Recherche

Wie bereits gesagt, Recherche gehört zu jedem Buch dazu, hier sollte man nicht in Extreme verfallen. Gerade Fantasy-Autoren neigen dazu, eher weniger zu recherchieren und dies ist ein Fehler beim Schreiben eines Buches. Zwar funktioniert deine Fantasy-Welt nach deinen Regeln, jedoch muss die

Welt für den Leser glaubwürdig sein. Wie sehen die gesellschaftlichen Strukturen aus und wie regiert der König das Land? Hier ist es ratsam, sich zumindest grob an historischen Vorbildern zu orientieren und dazu gehört Recherche. Oder vielleicht denkst du, dem Leser werden Ungenauigkeiten in deinem Buch gar nicht auffallen. Unter deinen Lesern wird sich zumindest ein Experte finden, der mit dem Thema deines Romans (z.B. Detektivarbeit) vertraut und dazu noch äußerst kleinlich ist. Gerade solche Leser bemängeln gerne in Rezensionen auf Amazon „mangelnde Recherche". Und einen Stern gibt es auch noch dazu. Auch andere Extreme sind ein Fehler, wenn du ein Buch schreibst. Übertriebene Recherche bringt häufig keinen Mehrwert für deinen Roman und frisst nur Zeit. Wahrscheinlich wirst du im sechsten oder siebten Fachbuch über das viktorianische Zeitalter nicht viel Neues für deine Geschichte erfahren. Gerade Schriftsteller mit Hang zum Perfektionismus neigen dazu, zu viel Recherche zu betreiben.

d) Passiver Charakter

Es gibt Schreibratgeber, die einen passiven Hauptcharakter als den größten Fehler beim Bücherschreiben nennen. Ein passiver Charakter ist ein schwacher Held, er verdient sich nicht die Sympathie der Leser. Was ist mit einem schwachen Protagonisten gemeint? Ein passiver Charakter in deinem Buch treibt die Handlung nicht voran, Dinge geschehen zufällig oder werden von anderen Figuren angestoßen. Doch wer ist eigentlich der Held in deinem Buch und sollte die Story vorantreiben? Es geht nicht um eine perfekte Figur in deinem Roman, die alle Hindernisse ohne Probleme meistert. Der Charakter kann Schwächen und Selbstzweifel haben, aber er stellt sich dem Konflikt (das ist wichtig) und treibt die Handlung in deinem Roman voran. Ein schönes Beispiel für einen aktiven Helden ist Frodo Beutlin aus „Herr der Ringe". Als kleiner Hobbit einfach nach Mordor zu spazieren, ist sicherlich keine Kleinigkeit, aber er übernimmt die Aufgabe und treibt diese mit großer Energie (und damit auch die Handlung) voran.

e) Typische Romanlänge missachten

Kurzromane haben durchaus ihren Reiz, dies gilt besonders für den Autor, um es überspitzt zu sagen. Wer möchte sein Buch nicht schnell veröffentlichen und Leser erreichen. Doch ein klassischer Roman hat eine gewisse Länge von 200 bis 500 Normseiten. Gerade wer sein Buch bei einem Verlag veröffentlichen möchte, sollte die typische Romanlänge nicht missachten. Erstautoren haben es ohnehin schwer bei einem klassischen Verlag. Stimmt die Romanlänge nicht, wird eine Veröffentlichung in einem Buchverlag noch unwahrscheinlicher. Anders sieht es aus, wenn sich der Verlag auf Kurzromane spezialisiert hat, das gibt es jedoch nur selten. Auch als Selfpublisher solltest du dir zumindest überlegen, ob du wirklich Kurzromane unter 100 Seiten schreiben und verkaufen möchtest. Leider beurteilen manche Zeitgenossen ein Buch nicht nur nach dem Cover, sondern auch nach seinem Umfang. Klingt irgendwie komisch, ist aber so.

f) Mangelndes Lektorat

Dein Roman ist endlich fertig und soll möglichst schnell an einen Verlag gehen? Oder du willst dein Buch als Selfpublisher sofort auf Amazon oder bei einem anderen

Anbieter veröffentlichen? Viele Autoren machen den Fehler und unterziehen ihr Buch keinem ausreichenden Lektorat. Es ist nicht so, dass diese Schriftsteller keinen großen Wert auf Rechtschreibung und Zeichensetzung legen. Dahinter steht häufig nur der Wunsch, möglichst schnell zu publizieren. Doch bevor du überhaupt an eine Veröffentlichung denkst, solltest du deinen Roman Bekannten oder Verwandten zum Korrekturlesen geben. Diese Person sollte natürlich mit Rechtschreibung und Zeichensetzung vertraut sein. Wichtig ist zusätzlich: Lass deinem Freund ausreichend Zeit zur Korrektur und sei auch offen für andere Anregungen (z.B. logische Fehler). Solltest du einen Profi für das Lektorat deines Buches beauftragen? Dies hängt ganz davon ab, welche Ansprüche du selber an dein Buch stellst und ob du bereit bist, eine vierstellige Summe auszugeben. Der durchschnittliche Preis für das Lektorat einer Normseite dürfte etwa bei etwa fünf Euro liegen. Wenn du dein Buch selbst veröffentlichen möchtest, solltest du dieses Geld möglichst investieren.

g) Cover selbst gestalten

Das Cover spielt eine wichtige Rolle. Überzeugt die Front deines Romans den Leser nicht oder wirkt diese sogar unprofessionell, verkauft sich das Buch nicht. Gerade beim ersten Buch begehen viele Autoren den Fehler und legen wenig Wert auf das Cover. Man nimmt für die Vorderseite des Buches ein selbstgemachtes Foto oder eine eigene Zeichnung. Bei der Covergestaltung solltest du einige Grundregeln beachten. Dein Cover sollte in einer kleinen Ansicht in einem Online-Shop noch gut erkennbar sein. Kann der interessierte Leser in der Miniaturansicht den Titel und

Untertitel deines Romans deutlich erkennen? Hast du dich vielleicht für ein weißes Cover entschieden? Dann wirkt dein Buch vor dem weißen Hintergrund eines Online-Shops nicht ansprechend auf den Käufer. Wie hast du Bildelemente, Titel und Autorenname miteinander kombiniert? Allerdings gilt auch: Wer sein Cover selbst gestaltet, macht nicht zwangsläufig einen Fehler. Viele Autoren gehen beim ersten Buch nur etwas blauäugig an das Thema heran. Informiere dich über das Thema. Dem Thema Cover haben wir auch ein extra Kapitel gewidmet. Solltest du kein Talent beim Thema Bildgestaltung haben, wende dich unbedingt an einen Freund oder Bekannten, der sich besser damit auskennt. Wenn du es dir leisten kannst, engagiere am besten einen Profi. Gute sind bereits für ein paar Hundert Euro zu bekommen.

Du hast eine Reihe von Fehlern kennengelernt, die du beim Buch schreiben vermeiden solltest. Dabei muss man einige der aufgeführten Punkte aber differenziert betrachten. Ein Genremix oder die Selbstgestaltung des Buchcovers sind nicht zwangsläufig Fehler, doch hier lauern besonders für Erstautoren einige Stolperfallen. Selbstverständlich führt dieses Kapitel nicht alle Fehlerquellen auf. Dies ist ein weites Feld, um einmal Fontane (wer musste ihn nicht in der Schule lesen!) zu zitieren. *Ein wenig Lehrgeld wird jeder Autor zahlen müssen.* In dem Sinne, sehe deine erste Buchveröffentlichung auch als eine Art Testballon. Es wird nicht alles perfekt laufen. Aber für das zweite Buch hast du dann viel gelernt ...

3.2.2 Motivation zum Schreiben finden

Vielleicht kennst du es: Dir fehlt immer wieder die Motivation zum Schreiben an deinem Roman. Fast jeder Autor kommt irgendwann an den Punkt, an dem er Zweifel an seinem Buch hat. Die Story, die dich zu Beginn überzeugt hat, wirkt nun platt und wenig originell. Dazu zeigen deine Figuren nicht wirklich Tiefe und sind eigentlich stereotypisch. Bedenkt man dazu die Fortschritte, die du mit deinem Roman machst, wirst du irgendwann vor deinem Rentenalter fertig. Solche Selbstzweifel sind echte Motivationskiller und führen zu Schreibunlust. Doch Zweifel am eigenen Werk sind nicht der einzige Grund für fehlende Motivation zum Schreiben. Es kann zum Beispiel an fehlender Selbstdisziplin oder mangelndem Zeitmanagement liegen.

Folgende Tipps richten sich an Autoren, die öfters keine Lust am Schreiben empfinden, obwohl es nicht an Zeit mangelt. Hast du Probleme mit dem Zeitmanagement, erinnern wir an die vorhergehenden Kapitel in diesem Buch. Nicht jeder der Ratschläge eignet sich für jeden Autor mit Motivationsproblemen. Das Ziel ist es, mit einem oder mehreren der Tipps wieder in einen regelmäßigen Schreibfluss zu kommen und seinen Roman zu Ende zu bringen.

a) Einfach mit dem Schreiben beginnen

Fehlt dir Motivation zum Schreiben an deinem Roman, kann es helfen, einfach mit dem Schreiben zu beginnen. Klingt irgendwie unlogisch? Das kann aber funktionieren, wenn du mit deinem inneren Schweinehund einen Deal machst: *„Ich schreibe eine halbe Stunde an meinem Buch und wende mich dann wieder anderen Dingen zu. Okay?"* Alternativ kannst du statt eines Zeitfensters auch eine bis zwei Seiten aushandeln. Die Idee dahinter: Wenn du erst einmal im Schreibfluss bist, ist deine Schreibunlust vielleicht dahin und du hast die richtige Motivation zum Schreiben. In der festgelegten Zeit solltest du dann auch mit voller Konzentration an deinem Roman arbeiten und die Zeit effektiv nutzen. Beliebte Ablenkungen durch das Smartphone und die Sozialen Medien sind in dieser Zeit tabu. Selbst wenn du jeden Tag nur eine oder zwei Seiten deines Buches schreibst, wirst du sehen, welche Fortschritte dein Roman macht und wie die Seitenanzahl wächst. Fortschritte beim Schreiben sind häufig eine Motivation, um regelmäßig weiterzuschreiben. Einfach mit dem Schreiben zu beginnen erinnert stark an unseren Tipp „30 bis 60 Minuten schreiben" aus dem Kapitel zum Zeitmanagement. Dort ging es vor allem darum, kleine Zeitinseln zu schaffen und diese effektiv zu nutzen. In diesem Kapitel zur Motivation regen wir dazu an, überhaupt (wieder) mit dem Schreiben zu beginnen.

Das Ziel ist immer das gleiche: Es ist ratsam, regelmäßiges Schreiben zur Gewohnheit zu machen, besonders, wenn man ausreichend Zeit hat. Lege fixe Schreibzeiten fest. So arbeitest du zum Beispiel drei Mal die Woche eine Stunde an deinem Roman. Bekommst du mit der Zeit richtig Lust am Schreiben, kannst du diese Schreibzeiten auf vier Tage erweitern oder dir ein Zeitfenster von mehr als einer Stunde setzen. Das große Ziel ist es hier, Schreiben an deinem Roman zu einer selbstverständlichen Routine werden zu lassen, die zu deinem Wochenablauf gehört. Wer feste Schreibzeiten hat, sollte dies ruhig Familie und Freunden mitteilen. So schreibst du zum Beispiel am Montag, Mittwoch und Freitag von 18 bis 19 Uhr an deinem Buch. Du machst auch keine Ausnahmen, um dich mit Freunden im Café zu treffen. Nach 19 Uhr stehst du dann deinen Freunden und Bekannten wieder voll zur Verfügung.

b) Einen schönen und kreativen Schreibort finden

Für manche Autoren kann es Sinn machen, die Arbeit vom heimischen Schreibtisch an einen anderen Ort zu verlegen. Vielleicht motiviert dich ein bestimmter Ort zum Schreiben an deinem Roman. Das Flair eines historischen Lesesaals in einer Universitätsbibliothek kann zum Beispiel Autoren einen Motivationsschub geben. Hier sitzt man zwischen vielen Gleichgesinnten, die eifrig und konzentriert an Hausarbeiten schreiben oder für eine Prüfung lernen. Wer möchte, kann das Schreiben hier auch etwas zelebrieren. Wenn du die Bibliothek betrittst, bist du in diesem Moment nur Schriftsteller und alle Zeit in der Bücherei gilt nur deinem Buch. Eine kleine Pause in der Cafeteria darf man sich auch gönnen, schließlich ist dein Werk in der letzten Stunde wieder einige Seiten länger geworden. Ein Ortswechsel kann nicht nur motivieren, sondern auch wunderbar bei Schreibblockaden helfen oder wenn es an neuen Ideen fehlt. Kreative Orte können Bibliotheken, Cafés oder Parks sein. Jeder Autor findet seine Inspiration an einem anderen Ort und für jeden Schriftsteller sollte es zumindest einen kreativen Ort geben.

c) Deadlines setzen

Manche Menschen lieben Deadlines. Je näher die Abgabefrist rückt, umso produktiver werden diese Personen.

Am Ende halten diese Menschen die Deadline (wenn auch in letzter Minute) ein und liefern noch gute Arbeit ab. Gehörst du auch zu den Personen, die eine Art Hassliebe zu Abgabefristen haben und unter Druck besonders produktiv und motiviert sind? Dann kannst du dir für deinen Roman Deadlines setzen. Das sechste Kapitel muss zum Beispiel in zwei Wochen fertig sein. Man hört tatsächlich immer wieder von Autoren, die sich zur Motivation zum Schreiben künstliche Abgabefristen setzen und die Deadlines dann auch einhalten. Dieses System funktioniert bei einigen Schriftstellern recht gut. Doch du hast sicherlich schon die Schwäche des Konzepts erkannt: Eine künstliche Deadline ist keine verpflichtende Abgabefrist. Manche halten es wie Douglas Adams und sagen sich: *„Ich liebe Deadlines! Ich mag dieses zischende Geräusch, das sie machen, wenn sie vorbeifliegen!"* Siehst du es ähnlich, wird dich eine künstliche Deadline nicht motivieren, doch manche Autoren kriegen auf diese Weise einen echten Motivationskick.

d) Meilensteine feiern und sich belohnen

Gerade wenn du neben Beruf, Studium oder Schule an deinem Roman arbeitest, wird es einige Zeit dauern, bis du dein Werk fertiggestellt hast, denn das Schreiben eines Buches besteht aus vielen Etappen. Dazu gehören zum Beispiel die Planung und Gliederung des Romans, die Ausarbeitung der Figuren, das Schreiben der ersten Kapitel und Überarbeitungen. Häufig lassen sich Arbeitsphasen nicht klar trennen und jeder Autor arbeitet etwas anders an seinem Roman. Für die Motivation kann es sehr hilfreich sein, sich Meilensteine zu setzen und das Erreichen dieser Punkte ein wenig zu feiern. Ein Meilenstein könnten die ersten 100

Seiten oder die erste Fassung des Romans sein. Hast du einen solchen Punkt erreicht, kannst du dich richtig schön belohnen. Wie die Belohnung am Ende aussieht, hängt ganz von deinen Vorlieben ab. Es handelt sich wohlgemerkt um Meilensteine. Nimmst du jede Kleinigkeit als Anlass zum Feiern, verlierst du unter Umständen irgendwann die Motivation.

e) Sich anderen Aufgaben zuwenden

Trotz verschiedener Tipps hast du an einem Tag einfach keine Motivation zum Schreiben? Die Arbeit an einem Buch besteht nicht nur aus dem Verfassen von Text. Vielleicht musst du noch etwas zu deinem historischen Roman recherchieren und einen Fachartikel lesen. Oder du kannst dich auch für ein Lektorat deiner letzten Kapitel erwärmen. Eher keine so schöne Aufgabe? Manchmal macht es auch Sinn, die Vielzahl von Notizen am Schreibtisch zu ordnen und auszumisten, die man sich zu seiner Geschichte gemacht hat. Diese vermeintlich unwichtige Aufgabe hast du immer vor dir hergeschoben, doch irgendwann musst du deinen Schreibtisch um einige Papierstapel erleichtern. Sich einer anderen Aufgabe widmen hilft auch bei Schreibblockaden. Selbst wenn du keine einzige Zeile geschrieben hast, bringst du deinen Roman einen Schritt weiter. Solltest du übrigens an einem Tag überhaupt keine Motivation für deinen Roman haben, obwohl du eigentlich an diesem Tag immer schreibst, zwinge dich nicht unter allen Umständen dazu. Die Gefahr ist ziemlich groß, dass das Geschriebene schon bald im Papierkorb landet. Gelegentliche Schreibunlust ist erlaubt, solange es nicht zum Regelfall wird.

f) Eine Literaturgruppe finden

In jeder größeren Stadt sollte es eine oder mehrere Literaturgruppen geben. Es macht großen Sinn, sich einer solchen Gruppe anzuschließen. Hier triffst du auf gleichgesinnte Autoren, kannst dich austauschen und bekommst wertvolles Feedback. Eine Autorengruppe kann unheimlich zum Schreiben motivieren, schließlich kann und will man hier regelmäßig die Fortschritte seines Romans vorstellen. Hier können Deadlines als Motivation bei vielen Autoren wiederum funktionieren. Wenn du ankündigst, nächste Woche das vierte Kapitel vorzulesen, bemühst du dich sicherlich um die Fertigstellung des Abschnitts. Es wäre doch schade, deine Autorenkollegen zu enttäuschen. Wenn es ideal läuft, ist eine Literaturgruppe eine sanfte Kontrollinstanz. Die Mitglieder motivieren sich gegenseitig und sorgen dafür, dass alle Schriftsteller Fortschritte machen. Wo findest du eine solche Literaturgruppe in deiner Stadt? Heute ist es kein Problem mehr, die gewünschten Informationen im Internet zu erhalten. Leider sind nicht alle Gruppen offen, manche sind geradezu „geschlossene Gesellschaften" und nehmen keine neuen Autoren auf. Doch mit etwas Suchen und Glück solltest du eine Literaturgruppe finden.

g) Die inneren Dämonen bekämpfen

Nun kommen wir zum letzten und wichtigsten Tipp gegen Schreibunlust. Es ist häufig der innere Kritiker, der einen zweifeln lässt und jede Motivation zum Buch schreiben eiskalt killt. So ist die Geschichte einfach nur platt, schon tausend Mal erzählt, die Figuren ohne Tiefe und man wird mit seinem Roman sowieso nicht fertig. Kennst du solche

Selbstzweifel? Es ist wichtig, dass du diese inneren Dämonen bekämpfst. Es ist ratsam, dein aktuelles Projekt fertigzustellen und nicht mit einer neuen vermeintlich besseren Idee zu beginnen. In ein paar Wochen könnest du wieder am gleichen Punkt sein und alles verwerfen. Am Ende hast du eine Vielzahl unfertiger Manuskripte und letztendlich nur Fragmente deines Schreibens.

Der Erfolgsautor Andreas Eschbach hat es sehr gut auf den Punkt gebracht: *„Wenn ich mir per Zeitmaschine einen einzigen Ratschlag in meine frühen Jahre schicken könnte, dann wäre es dieser: Brich Manuskripte nicht mittendrin ab, um andere anzufangen. Egal, wie schlecht es dir im Moment vorkommt – **schreib es fertig!**"* (Quelle: andreaseschbach.de) Eschbach nennt fertiggestellte schlechte Romane eine gelungene Trainingseinheit, unfertige Bücher hingegen reine Zeitverschwendung. Diese Einschätzung klingt vielleicht hart. Du solltest in jedem Fall deinen Roman fertigstellen und den Schlachtruf beherzigen: *„Nieder mit den inneren Dämonen! Nieder mit der Schreibunlust!"*

Trotz aller Tipps kannst du keine rechte Motivation zum Schreiben finden? Hier macht es Sinn, dir die Fragen zu stellen: Warum habe ich überhaupt mit meinem Roman begonnen? War es der Wunsch, eine Geschichte zu erzählen? Oder ist dein Wunsch eher, ein Buch zu veröffentlichen und ein bekannter, erfolgreicher Schriftsteller zu sein? Vielleicht macht das Schreiben einfach auch keinen Spaß mehr? Einzelne Personen beginnen einen Roman aus falschen Motiven (Bekanntheit, Geld) und nicht aus der Lust am Schreiben. Dann gibt es wiederum Autoren, die sich das Buchschreiben anders vorgestellt haben. Es ist leider nicht so, dass die Seiten nur so aus der Feder fließen und man eine geniale Geschichte erzählt. Schreiben ist harte Arbeit und vieles läuft nicht wie gewünscht. Die tolle Story, die man im Kopf hat, lässt sich nicht so leicht wie erwartet zu Papier bringen. Man hat mit Schreibblockaden zu kämpfen und die erste Fassung bedarf selbstverständlich einer Überarbeitung. Dazu steht am Ende noch das lästige Lektorat an. Ein Autorenleben ist nicht einfach und auf die erste Euphorie folgt häufig die Schreibunlust. Solltest du nach mehrfachen Versuchen keine Motivation zum Schreiben finden, bist du vielleicht nicht zum Autor geschaffen. Es soll niemand entmutigt werden, ein Buch zu schreiben. Doch wer bereits Jahre an einem Erstlingswerk schreibt, sollte zumindest seine Motivation für das Schreiben hinterfragen.

3.2.3 Schreibblockaden überwinden

Ist Schreiben deine Leidenschaft und willst du wirklich einen Roman verfassen, bekommst du Schreibunlust schnell in den Griff oder die Unlust tritt erst gar nicht auf. Richtig fies sind Schreibblockaden. Solche Blockaden lassen sich nicht so schnell überwinden und sie können für Autoren zu einem echten Problem werden. Manchen Autoren fehlt es nie an Ideen für Kurzgeschichten und Romane, jedoch scheitert es mitunter an der Umsetzung der Idee. Man hat die Geschichte so klar im Kopf, kann aber nur wenig oder gar nichts zu Papier bringen. Gehörst auch du zu dieser Art von Autoren und kämpfst regelmäßig mit Schreibblockaden? Dann haben wir eine gute Nachricht: Es gibt einige Techniken gegen solche Blockaden. Diese Methoden sorgen dafür, dass du wieder in einen Schreibfluss kommst. Leider funktionieren diese Techniken nicht auf Knopfdruck. Dies liegt einfach daran, dass du deine Blockade im Kopf lösen musst und unverkrampfter an das Schreiben des Buches gehen solltest. Die hier vorgestellten Methoden können zumindest einen ersten Beitrag dazu leisten, Schreibblockaden zu bekämpfen. Techniken gegen Blockaden beim Schreiben setzen an verschiedenen Stellen an. Beim Free Writing ist es das Ziel, überhaupt in einen Schreibfluss zu kommen. Bei anderen Methoden versucht man, die Komplexität des Themas zu reduzieren. Gerade bei komplizierten Romanstoffen macht dies Sinn. Weitere Methoden möchten die Perfektionisten unter den Autoren etwas zügeln. Hier heißt es dann: Schreibe nur deinen Text und verbessere das Geschriebene nicht gleichzeitig.

a) Free Writing

Free Writing ist eine wichtige Methode des kreativen Schreibens und kann dir dabei helfen, in einen Schreibfluss zu kommen. Das Verfahren ist mit Brainstorming vergleichbar, wie wir es im Kapitel zu den Kreativitätstechniken vorgestellt haben. Schnapp dir ein leeres Blatt Papier, du brauchst hierfür kein Textverarbeitungsprogramm. Nun beginnst du fünf oder zehn Minuten (Zeit stellen) ohne Unterbrechung zu schreiben. Sei spontan und nimm dir ein beliebiges Thema vor. Dies kann die mangelhafte Umsetzung der Hausordnung in deiner WG sein, eine Zusammenfassung des Films von gestern oder eine Ode an deine Schreibtischlampe. Hauptsache du schreibst und deine Schreibblockaden lösen sich. Es ist bei dieser Technik sehr wichtig, dass man tatsächlich die ganze Zeit am Schreiben ist. Fällt dir nichts mehr ein, wiederhole einfach die vorhergehenden Worte oder variiere diese. Es kann sogar reichen, einfach nur mit dem Stift über das Papier zu fahren. Mit dieser ständigen Schreibbewegung kannst du vielleicht die ärgerlichen Schreibblockaden lösen und zu deinem Roman übergehen.

b) Mitten drin anfangen

Es gibt berühmte und es gibt berüchtigte Romananfänge. Häufig parodiert wurde der Anfang des Romans Paul Clifford (*„It was a dark and stormy night"*) von Edward George Bulwer-Lytton. Jedes Jahr richtet man sogar den Bulwer-Lytton-Fiction-Contest aus. Wer den schlechtesten Anfangssatz für einen Roman schreibt, gewinnt den Wettbewerb. Aber welcher Autor möchte schon gerne Namensträger eines solchen Preises sein? Kommen wir zurück zu den Techniken gegen Blockaden. Daraus wird deutlich: Immer wenn wir uns an einen Romananfang oder Kapitelanfang setzen, wird das Schreiben noch etwas schwerer und es kann mitunter auch schiefgehen. Das weißt du sicherlich aus eigener Erfahrung. Mit einem guten Anfang will man den Leser packen und nicht mehr loslassen. Dies ist nicht so einfach, es muss schließlich richtig gut werden. Schon sind Schreibblockaden vorprogrammiert. Eine Strategie ist es, einfach mittendrin anzufangen. Hast du das Kapitel in der Mitte begonnen, fällt der Kapitelanfang später häufig leichter. Diese Technik eignet sich auch wunderbar für journalistische Texte im Internet. Ein guter Artikel (am besten mit Teaser) soll den Leser auf der Website halten und zum Weiterlesen animieren. Schreibt man den Anfang erst, wenn der eigentliche Artikel steht, ist es einfacher und Schreibblockaden kommen erst gar nicht auf.

c) Das Thema gliedern

Die antike Rhetorik kennt bei der Erstellung von Reden fünf Produktionsstadien. Die ersten drei Produktionsschritte kann man direkt auf das Schreiben eines Buches übertragen: Die Findung des Stoffes (inventio), die Gliederung des Themas (dispositio) und das Verfassen des Textes (elocutio). Selbst der geübte antike Rhetor würde nicht auf die Idee kommen, die Gliederung einfach zu übergehen. Eine klare Strukturierung gehört zu den Kreativitätstechniken, welche die Komplexität eines Themas reduzieren sollen. Schreibblockaden können auch daher kommen, dass du dir gar nicht über die Struktur deines Kapitels klar bist. Hast du deinen Plot Schritt für Schritt vor Augen? Nein? Dann strukturiere doch dein Kapitel. Auf diese Weise entsteht ein Fahrplan, an dem du dich orientieren kannst. Das kann besonders bei historischen Romanen oder Krimis sinnvoll sein, wenn es um eine bestimmte geschichtliche Zeitabfolge oder einen Tathergang geht. Nun kannst du dich nur noch auf das Schreiben konzentrieren, weil du den Plot klar vor Augen hast.

d) Nur Schreiben

Was soll denn bitte „Nur Schreiben" heißen und was hat dieser Tipp bei den Methoden gegen Schreibblockaden zu suchen, wirst du vielleicht fragen. Hier geht es darum, wirklich nur an seinem Roman zu schreiben und nicht gleichzeitig den Text zu redigieren. Das ist vor allem ein Problem von Perfektionisten. Der gerade geschriebene Satz wird sofort wieder umformuliert und „ausgebessert". Manchmal ist keine Formulierung gut genug, um es überhaupt aufs Papier zu schaffen. Hier wären wir wieder einmal beim alten Thema Schreibblockaden. Perfektionismus kann ein großer Kreativitätskiller sein. Es ist wirklich wichtig, dass du dich nur auf das Schreiben konzentrierst, so simpel es auch klingen mag. Die Überarbeitung des Textes kommt später.

Es kann übrigens sehr hilfreich sein, das eigene Buch mit der Hand zu schreiben, anstatt den Text sofort am Computer zu tippen. Dieses Vorgehen mag ungewöhnlich sein und entspricht nicht dem Usus vieler Autoren, doch es macht durchaus Sinn. Eine handgeschriebene Fassung erfährt beim Eintippen schon immer eine erste Bearbeitung. Wenn du dies im Hinterkopf hast, schreibst du vielleicht entspannter. Dazu sorgt eine handgeschriebene Version dafür, dass du zu weniger Änderungen im Manuskript neigst.

Du hast jetzt vier Techniken gegen Schreibblockaden kennengelernt. Einige dieser Tipps erscheinen dir vielleicht so simpel, dass du sie wohl kaum als Methode bezeichnen würdest. Doch eine Blockade beim Schreiben lässt sich nicht immer durch eine „Technik" lösen. Du musst die Schreibblockade in deinem Kopf lösen. Hier kann ein kreativer Ort helfen und die gewünschte Inspiration zum Schreiben bringen. Was ebenso gegen Schreibblockaden hilft ist das Schreiben in einer ruhigen Umgebung ohne Ablenkung. Um entspannt schreiben zu können, solltest du auf jeden Fall das Handy ausschalten und auch nicht nebenbei eingehende E-Mails und Facebook-Nachrichten lesen. In der richtigen Atmosphäre fällt das Schreiben gleich um einiges leichter.

3.3 Klassische Erzählperspektiven

Wer ein Buch schreiben möchte, sollte sich im Vorfeld über die Erzählperspektive klarwerden. Ich-Erzähler und Er-Erzähler gehören zu den häufigsten Erzählformen in der Literatur. Wir erläutern in diesem Kapitel die klassischen Perspektiven und stützen uns auf die Erzähltheorie des Österreichers Frank K. Stanzel. Der Literaturwissenschaftler unterscheidet zwischen dem Ich-Erzähler, auktorialem und personalem Erzähler. Diese Typologie kennst du sicherlich aus dem Schulunterricht. Doch die Klassifizierung ist nicht nur für die Erzähltheorie von Interesse. Du als Romanautor kannst auch von der Systematik lernen und bekommst einen Überblick über mögliche Erzählperspektiven. Die folgenden zwei Kapitel erläutern die klassischen Erzählperspektiven mit ihren Varianten und ihre Wirkung auf den Leser. Bekannte Beispiele aus der Literatur dienen der Verdeutlichung der Erzählformen.

3.3.1 Ich-Erzähler als Erzählperspektive

Der Ich-Erzähler gehört zu den beliebtesten Erzählformen in der Literatur. Diese Erzählperspektive ist dir sicherlich schon in verschiedenen Büchern begegnet. Der Ich-Erzähler kommt besonders häufig im Bereich der Abenteuerliteratur vor. Bekannte Beispiele sind „Robinson Crusoe" von Daniel Defoe oder zahlreiche Romane von Karl May. Vielleicht erinnerst du dich auch noch an die klassische Literatur für den Schulunterricht wie die „Ansichten eines Clowns" (Heinrich Böll) oder „Homo Faber" (Max Frisch). Auch hier nutzt der Erzähler das Ich als Erzählperspektive. Der Ich-

Erzähler ist eine interessante und klassische Perspektive, wenn du ein Buch schreiben möchtest. Hier wird die Geschichte aus der Sicht einer einzigen Figur erzählt. Das Geschehen des Romans ist immer da, wo sich der Erzähler befindet. Der Ich-Erzähler kann nicht wissen, was andere Charaktere denken, sofern diese es ihm nicht mitteilen. Du kannst dabei entscheiden, ob du deinem Leser die Innensicht deines Charakters (z.B. Gefühle, Gedanken) mitteilen möchtest.

Jetzt wird es ein wenig kompliziert, denn beim Ich-Erzähler gibt es verschiedene Varianten: Es gibt die Erzählperspektive des *erlebten Ichs*. Der Erzähler befindet sich mitten im Geschehen der Handlung und weiß nicht mehr als der Leser selbst. Hier ist ein besonders emotionales Erzählen in Lesernähe möglich. Weiterhin kennt man in der Erzähltheorie das *erzählende Ich*. Hier blickt die Erzählfigur mit einer gewissen Distanz auf das Geschehen zurück. Diese Variante des Ich-Erzählers kann allwissende Züge haben. Hier wird aus der Retrospektive erzählt, die Erzählfigur kann Andeutungen auf den weiteren Handlungsverlauf machen (*„Damals wusste ich noch nicht..."*) oder es können Werturteile erfolgen. Ebenso muss dieser allwissende Ich-Erzähler nicht zwangsläufig in linearer Zeitfolge erzählen. Das Ich muss nicht die Hauptfigur im Roman sein, sondern kann auch eine Nebenfigur darstellen. So kann der Ich-Erzähler in einer Art Biographie, Chronik oder einem historischen Roman rückblickend über eine andere Person berichten.

Wie wirkt der Ich-Erzähler auf den Leser? Diese Erzählform gilt als besonders authentisch, du stehst damit den Lesern sehr nah und kannst bei Wunsch einen Einblick ins

Gefühlsleben der Figur geben. Es ist nicht verwunderlich, dass viele Autoren von Abenteuerliteratur genau diese Erzählperspektive gewählt haben, damit der Leser die Ereignisse direkt erleben kann. Ähnlich verhält es sich bei Krimis. Durch die Ich-Perspektive kann man zum Beispiel über einen Mordfall besonders spannend schreiben, hier weiß der Charakter des Romans nicht mehr als der Leser und muss den Fall Schritt für Schritt aufklären. Auch im autobiographischen Roman spielt die Ich- Erzählsituation eine ganz zentrale Rolle. Entscheidest du dich für den allwissenden Ich-Erzähler, kannst du durch kleine Andeutungen die Geschichte für den Leser spannender machen. Du blickst dann aus der Retrospektive auf die Handlung zurück.

Der Ich-Erzähler hat auch eine nicht zu unterschätzende Schwäche. Kann sich der Leser mit der Erzählfigur nicht anfreunden, weil die Figur unsympathisch oder unreif auf ihn wirkt, kann dies dazu führen, dass das Buch weggelegt wird. Die Ich-Perspektive macht auch nicht bei jedem Romanthema Sinn. Hast du zum Beispiel häufig wechselnde (weit entfernte) Schauplätze in deiner Handlung und eine Vielzahl von Figuren in deinem Roman, ist es wohl sinnvoll sich für den Er-Erzähler zu entscheiden. Ein Beispiel wäre „Krieg und Frieden" von Leo Tolstoi. Hier spielt die Handlung in Moskau, Sankt Petersburg, an der Front und an vielen weiteren Orten mit einer Vielzahl von Charakteren. Der Roman von Tolstoi hätte sicherlich nicht die gleiche Wirkung beim Leser erzielt, hätte sich der russische Autor für einen Ich-Erzähler entschieden.

Doch letztendlich entscheidest du als Autor, welche Erzählperspektive du wählst. Nimm dir jedoch ausreichend

Zeit, das Für und Wider der einzelnen Erzählformen abzuwägen, bevor du mit dem Schreiben an deinem Roman beginnst.

3.3.2 Er-Erzähler als Erzählperspektive

Neben dem Ich-Erzähler ist der Er-Erzähler eine weit verbreitete Erzählform in der Literatur. Sicherlich hast du einige Romane gelesen, die in der Er-Form geschrieben wurden. Die Kurzgeschichten und Bücher („Der Prozess" und „Das Schloss") von Franz Kafka sind ausgezeichnete Beispiele für den Er-Erzähler. Aus der Schulzeit kennst du vielleicht noch Werke wie „Berlin Alexanderplatz" (Alfred Döblin) oder „Das Parfüm" (Patrick Süskind). Dabei gibt es durchaus Unterschiede beim Er-Erzähler. In der Erzähltheorie unterscheidet man hier zwischen dem auktorialen (allwissenden) und personalen Er-Erzähler. Im Gegensatz zum Ich-Erzähler ermöglicht die Perspektive in der Er-Form auch das Erzählen in einer Multi-Perspektive.

Bei dieser Er-Erzählperspektive kennt man also zwei Varianten. Der *auktoriale Erzähler* ist allwissend und steht außerhalb der fiktiven Welt. Dieser Er-Erzähler ist nahezu gottgleich und hat deutlich mehr Wissen als die anderen Charaktere des Romans. Er kennt alle Zusammenhänge der beschriebenen Welt wie auch der Figuren und kann so dem Leser eine Vielzahl von Informationen liefern. Dies geschieht im Regelfall durch Kommentare oder Vorausdeutung. In dieser Perspektive ist es häufig üblich, dass der Erzähler den Leser direkt anspricht. Welche Informationen du jedoch an deine Leserschaft weitergibst, entscheidest letztendlich du.

Durch die allwissende Erzählform ist es auch problemlos möglich, in Rückblenden zu erzählen oder vorauszublicken.

Ganz anders ist wiederum die beschränkte Perspektive des *personalen Er-Erzählers*. Hier sieht der Leser die fiktive Welt durch die Augen einer Figur oder aus der Sicht mehrerer Charaktere (Multi-Perspektive). Die Einzelfigur oder die Figuren haben die gleichen Informationen wie der Leser. Beschränkst du dich nur auf die Sichtweise einer Figur, kann dies mitunter monoton auf die Leser wirken. Die Multi-Perspektive erlaubt es wiederum, aus der Sicht einer Vielzahl von Figuren zu schreiben. Mit dem personalen Er-Erzähler in dieser Form ist es besonders einfach, die Orte der Handlung zu wechseln.

Wie der Er-Erzähler auf den Leser wirkt, hängt vor allem davon ab, ob du dich für die auktoriale oder personale Perspektive entscheidest. Mit der allwissenden Erzählform kannst du den Leser direkt beeinflussen und seine Erwartung steuern. Das geschieht im Regelfall durch Kommentare oder Andeutungen. Auf diese Weise lässt sich Spannung aufbauen. Du kannst zum Beispiel darauf hinweisen, dass die Charaktere nicht ahnen können, in welcher Gefahr sie sich gerade befinden. Hat der Leser eine enge Bindung zu den Figuren, fiebert er mit den Charakteren mit. Beim auktorialen Er-Erzähler ist es auch üblich, den Leser direkt anzusprechen. Die auktoriale Erzählform findet man häufig im historischen Roman („Krieg und Frieden" von Leo Tolstoi) oder Gesellschaftsroman („Jahrmarkt der Eitelkeit" von William Makepeace Thackeray). Hier kann der allwissende Erzähler als Außenstehender historische Ereignisse oder gesellschaftliche Entwicklungen kommentieren.

Beim personalen Er-Erzähler ist die Perspektive der Figuren beschränkt. Der Leser sieht alles durch die Augen einer Figur oder mehrerer Figuren. Schreibst du lediglich aus dem Blickwinkel eines Charakters, kannst du dich alternativ für den Ich-Erzähler in deinem Roman entscheiden. Diese Erzählform ist persönlicher, du stehst dem Leser deutlich näher. Doch vielleicht ist dies gerade nicht deine Absicht. Ein personaler Er-Erzähler aus der Sicht eines Charakters kann Distanz zum Leser schaffen und dürfte auch nicht sympathisch wirken. Die Figuren von Kafka, der Autor ist ein Paradebeispiel für diese Erzählform aus einer Perspektive, sind sicherlich keine Sympathieträger. Doch auch der personale Er-Erzähler aus der Multi-Perspektive ist eine interessante Erzählform. Hier erzählst du aus der Sichtweise von einer Vielzahl von Figuren. Dazu ist es besonders einfach, immer wieder die Schauplätze der Romanhandlung zu wechseln. Spielt dein Roman an vielen Orten und hast du eine Vielzahl von Figuren, kann diese Erzählperspektive Sinn machen. Auch diese Erzählsituation eignet sich gut für historische Romane. Ein Beispiel für den personalen Er-Erzähler mit Multi-Perspektive ist „Quo vadis?" von Henryk Sienkiewicz.

Je nach Jahrhundert haben Schriftsteller den Er-Erzähler ganz unterschiedlich eingesetzt. Vom 17. bis 19. Jahrhundert war die auktoriale Perspektive bei historischen Romanen weit verbreitet. In der heutigen Literatur dominiert jedoch im Allgemeinen der personale Er-Erzähler. Die Welt des 21. Jahrhunderts ist kompliziert geworden, dies findet sich auch in der Literatur wieder und der allwissende Erzähler verliert zunehmend an Bedeutung.

Mach es dir am Anfang nicht zu kompliziert! Entscheide dich für eine zu dir und zur Geschichte passende Erzählform und lass den Roman möglichst einfach aus dir „rausfließen". So überforderst du dich bei deinem ersten Buch nicht – ebenso wie den Leser. Denn gerade im Bereich Unterhaltungsliteratur sind die Leser ohnehin meist einfache und klare Formen gewöhnt.

3.4 Figurenentwicklung

Die Entwicklung von Haupt- und Nebencharakteren gehört zu den schwierigsten Aufgaben, wenn man an seinem Buch schreibt. Überzeugende Figuren sind die Seele eines Romans, schlecht durchdachte und unglaubwürdige Charaktere wiederum können ein ganzes Buch ruinieren. Doch bleiben wir bei den guten Beispielen. Aus der Literatur kennen wir eine Vielzahl von unsterblichen Charakteren, die uns wie lebende Personen erscheinen und von den Autoren meisterlich entwickelt wurden. Sicherlich hast auch du deine Lieblingsfiguren. Die beiden folgenden Kapitel beschäftigen sich mit der Frage, wie man Hauptcharaktere bzw. seinen Romanhelden entwickelt. Dazu grenzen wir die Hauptfiguren von Nebencharakteren und reinen Statisten ab. Wir erläutern diese Unterschiede an verschiedenen Beispielen aus der Literatur. Es ist empfehlenswert, dass du dir Figuren aus der Weltliteratur und aktuellen Romanen etwas näher anschaust, von den Charakteren etwas lernst und dich inspirieren lässt.

3.4.1 Hauptcharaktere entwickeln

Wie entwickelst du überzeugende und lebendige Hauptfiguren für dein Buch? Wodurch zeichnet sich der Held deines Romans aus? Es geht in diesem Kapitel darum, wie du eine besondere und unverkennbare Figur für dein Buch entwickelst. Er hebt sich von den anderen Figuren ab und gibt deinem Roman eine unverkennbare Note. Der Leser soll mit deinem Helden mitfühlen, sich über seine Rückschläge ärgern und seine Fortschritte bejubeln. Dabei gibt es kein Rezept oder gar einen Baukasten für lebendige Romanfiguren. Es gibt jedoch einige Grundsätze, die dir bei der Entwicklung des ganz besonderen Charakters helfen.

a) Entwickle einen aktiven Helden

Ein überzeugender Romancharakter ist – wir sagten es ja bereits - kein passiver Charakter, auf diese kurze Formel kann man es bringen. Der Hauptcharakter deiner Geschichte ist der Held, er muss die Handlung aktiv vorantreiben. Ein passiver Held ist eine schwache Figur und gewinnt nicht die Sympathie der Leser. Dabei geht es nicht um eine perfekte Romanfigur, die problemlos alle Hindernisse aus dem Weg räumt. Dein Held kann und muss sogar Schwächen haben – Ecken und Kanten. Es ist vielmehr wichtig, dass dein Buchcharakter sich dem Konflikt stellt und alle Energie aufwendet, die Handlung des Romans voranzutreiben. Nur so können Charaktere eine Entwicklung durchmachen. Eines der schönsten Beispiele für einen Helden, der mit Energie auf sein Ziel zustrebt, ist Frodo Beutlin aus dem Herrn der Ringe. Obwohl der Ring seinen Willen immer mehr beherrscht und mit jedem Schritt etwas schwerer wird, bewegt er sich auf den feurigen Berg zu und vernichtet den Ring am Ende. Auch Don Quijote ist ein gutes Beispiel für einen aktiven Charakter. Auch wenn ihm die Realität immer wieder böse Streiche spielt und Sancho Panza keine echte Hilfe ist, stellt er sich dem Konflikt und wirklich jedem Konflikt im Roman von Cervantes. Du siehst bereits an diesen Beispielen, aktive Helden müssen nicht perfekt sein.

b) Verzichte auf Stereotype

Wenn du deine Romanfigur entwickelst, ist es ratsam, nicht mit Stereotypen zu arbeiten. Im Kriminalroman kennt man besonders viele Stereotypen. Hierzu gehören zum Beispiel Draufgängertypen, der tollpatschige Anfänger, wissenschaftliche oder halbkriminelle Ermittler. Du kannst dir denken, wie viele Geschichten in der Vergangenheit mit solchen Charakteren geschrieben wurden, die immer gleich und damit austauschbar sind. Eine blasse und auswechselbare Figur möchtest du sicherlich nicht als Hauptcharakter in deinem Buch haben. Doch du kannst bei deiner Figur mit den Stereotypen spielen und aus typischen Charakterzügen etwas völlig Neues erschaffen.

Wie so etwas funktionieren kann, verdeutlicht eine kleine Geschichte aus der Antike. Zeuxis von Herakleia war etwa im 4. Jahrhundert v. Chr. ein griechischer Maler. Er erhielt den Auftrag, Helena für den Tempel von Kroton zu malen. Der Auftrag war im gewissen Sinne anspruchsvoll, schließlich ging es darum, die schönste Frau der Antike ohne Vorlage zu malen. Doch Zeuxis hatte eine Idee und ließ die fünf schönsten jungen Frauen von Kroton rufen. Die Mädchen hatten jede auf ihre Art eine perfekte Seite, Zeuxis kombinierte diese und schuf daraus das Bildnis der Helena.

Hier liegt eine interessante Kombinationstechnik vor, die du auch für Charaktere nutzen kannst. Es wäre ebenso denkbar, dass du Charakterzüge von stereotypen Figuren niederschreibst, diese kombinierst und damit experimentierst.

c) Gib deiner Romanfigur ein unverkennbares Merkmal

Viele Romanhelden haben eine Besonderheit, die diese Figuren unverkennbar macht. Bei Sherlock Holmes ist es seine Tabakpfeife. Oskar Matzerath von Günther Grass wird durch seine Trommel charakterisiert. Harry Potter wiederum hat seine unverkennbare Brille und dazu eine Narbe auf der Stirn. Dann gibt es wiederum unverkennbare Paare wie Don Quijote und Sancho Panza. Diese Charaktere aus ganz unterschiedlichen Zeiten und Genre haben alle ein unverkennbares Merkmal. Es reicht schon ein Bild oder eine graphische Darstellung, damit man jede dieser Romanfiguren ganz einfach erkennen kann. Diese kleinen Besonderheiten sind eine Strategie, um einen lebendigen Buchcharakter zu gestalten. Oft reichen Kleinigkeiten, um eine Figur unverkennbar zu charakterisieren. Lass hierbei deine Fantasie spielen. Diese besondere Äußerlichkeit und dieses einzigartige Merkmal sollten nur für deinen Hauptcharakter oder ein Charakterduo deines Romans bestimmt sein. Dadurch hebt sich dein Held von den anderen Charakteren deines Romans ab. Viele Autoren geben sich auch immer wieder sehr viel Mühe, besonders klangvolle Namen für ihre Romancharaktere zu finden und verwenden sehr viel Energie darauf. Doch lässt sich darüber streiten, ob eine Hauptfigur einen besonders klangvollen Namen braucht. Sind Charakternamen wie Sherlock Holmes oder Harry Potter besonders originell oder erscheinen sie uns nur deshalb so klangvoll, weil wir sie immer wieder gehört haben. Ein schöner Name macht noch keinen lebendigen Charakter.

d) Charaktere sollen Schwächen haben

Neben einer unverkennbaren Besonderheit sollte deine Figur eine oder besser mehrere Schwächen haben. Dadurch wird der Romancharakter menschlich und für den Leser sympathisch. Es können Kleinigkeiten oder Macken sein. Doch diese Schwächen sollten für die Handlung von Bedeutung sein und den Charakter beim Erreichen seines Ziels im Weg stehen. Alibi-Schwächen wie die Angst vor Spinnen oder Flugangst, obwohl im ganzen Roman keine Spinne oder ein Flugzeug vorkommen, sind letztendlich Scheinschwächen und werden vom Leser leicht durchschaut. Es ist ratsam, dass du deine Figur im Verlauf der Handlung einige Schwächen ablegen lässt und so eine Entwicklung stattfindet. Ein schönes Beispiel für einen Charakter, der immer mit seinen Schwächen zu kämpfen hat, ist Pierre Besuchow aus „Krieg und Frieden" von Leo Tolstoi. Sein Hang zum übermäßigen Essen und Trinken behindert ihn immer wieder. Auch seine Gewohnheit auf einem adligen Gesellschaftsabend mehr dem Wein als seinen Gesprächspartnern, Aufmerksamkeit zu schenken, bringt ihn immer wieder in Schwierigkeiten. Erst gegen Ende von Tolstois Roman, als sich Pierre in französischer Gefangenschaft befindet, beginnt er langsam diese Laster abzulegen. Wenn du einfallsreich bist, kannst du aus der Schwäche deines Romancharakters eine echte Stärke machen. John Franklin als Hauptfigur in „Entdeckung der Langsamkeit" (Sten Nadolny) macht sein Handicap im Verlauf des Romans zu einer Stärke, indem er seiner

Schwäche der Langsamkeit besondere Ruhe und Genauigkeit entgegensetzt.

e) Erstelle ein Charakterblatt für deine Figuren

Es ist sinnvoll, für die wichtigsten deiner Figuren ein Charakterblatt zu erstellen. Dort kannst du alles notieren, was dir wichtig erscheint. Hierzu gehören zum Beispiel die äußerlichen Merkmale, Eigenschaften oder die Vorgeschichte der fiktiven Figur. Es ist ratsam, dieses Charakterblatt immer zu pflegen und bei Bedarf zu erweitern. Selbst wenn du nicht alle diese Details für dein Buch brauchst, gibst du deinen Figuren auf diese Weise mehr Tiefe und so entstehen lebendige Charaktere. Perfektionisten sollten hier jedoch nicht übertreiben und zu viel Zeit in die Figurenentwicklung investieren. Es gibt verschiedene Programme, die dir die Erstellung von Figuren-Datenbanken ermöglichen. Hierzu gehören die bereits genannten Programme Papyrus Autor, Patchwork, Scrivener und yWriter. Mit diesen Programmen kann man auch Charaktere verwalten. Doch wenn es dir wirklich nur um eine Figuren-Datenbank geht, kannst du selber Charakterbögen nach deinen Wünschen mit einem Textverarbeitungsprogramm erstellen. Selbst die gute alte Karteikarte kann diesen Zweck erfüllen. Du hast die Karten jederzeit griffbereit, selbst wenn du nicht am Computer an deinem Roman arbeitest.

Also, zu Beginn wurde es schon gesagt. Es gibt kein Rezept für gute Charaktere. Doch wenn du die genannten Tipps befolgst, wird der Held deines Romans überzeugender als die Figuren in vielen anderen Büchern. Dazu ist es nicht sinnvoll, alle Romancharaktere am Schreibtisch zu entwickeln.

Beobachte Menschen in deiner Umgebung. Lasse dich von Freunden, Bekannten und Verwandten inspirieren. Auch wenn es etwas einfach klingt: Das Leben schreibt die besten Geschichten und erfindet die originellsten Charaktere. Im Alltag findest du sicherlich die richtige Inspiration und Ideen für Romanfiguren.

3.4.2 Nebenfiguren entwickeln

Wie entwickelst du Nebenfiguren für deinen Roman? Diese Frage wird in Autorenratgebern immer wieder stiefmütterlich behandelt, das Augenmerk vieler Ratgeber liegt auf der Entwicklung der Hauptfiguren. Dabei sind durchdachte und originelle Nebencharaktere in einem Buch wichtig und tragen ihren Teil zum Erfolg eines Romans bei. Was alles sind Nebenfiguren und wie kann man diese Charaktere definieren? Hier gehen die Meinungen auseinander. So gibt es Ratgeber, die Nebenfiguren eigene Handlungsstränge zugestehen. Im Internet und in Schreibratgebern findest du auch eine völlig gegensätzliche Meinung: Nebenfiguren haben nur einen geringen Einfluss auf die Handlung. Statt sich an den beiden Extremen zu orientieren, ist es ratsamer, sich klarzumachen, dass es eine große Vielfalt an Nebenfiguren in der Literatur gibt. Denke nur einmal an historische Romane. Hier findest du eine Vielzahl von Hauptfiguren und Nebencharakteren. Die Figuren mit einer Nebenrolle haben in diesen Büchern nie die gleiche Bedeutung und einen unterschiedlichen Anteil an der Handlung. Ein weiteres schönes Beispiel wie groß die Vielfalt an Nebencharakteren sein kann, sind die Bücher der Harry-Potter-Reihe. Joanne K. Rowling hat diese Figuren alle liebevoll entwickelt und das macht das Harry-Potter-

Universum für die Leser auch so reizvoll. Bevor es um die Frage der Figurenentwicklung geht, ist es sinnvoll, Hauptfiguren und Nebenfiguren voneinander abzugrenzen. Ebenso klären wir den Unterschied von Nebencharakteren und reinen Statisten in Romanen.

Eine Nebenfigur ist keine Hauptfigur, auf diese einfache Formel kann man es bringen. Somit treibt ein Nebencharakter im Regelfall die Handlung deines Romans nicht voran, dies bleibt dem Held deines Buches überlassen. Hier sind durchaus Ausnahmen möglich. So kann eine Figur im Auftrag des Hauptcharakters handeln. Ein sehr schönes Beispiel hierfür findet man wieder mal im Herrn der Ringe. In dem Moment, wo Frodo von der Spinne Kankra außer Gefecht gesetzt wird, übernimmt Sam seine Rolle und trägt den Ring. Dies ist im gewissen Sinne „Geschäftsführung ohne Auftrag". Bei der späteren Rückgabe des Rings von Sam im Turm von Cirith Ungol sagt Frodo sehr treffend: *„Ich muß die Last bis zu Ende tragen. Es läßt sich nicht ändern."* Hier siehst du recht deutlich den Unterschied zwischen einem Hauptcharakter und einer Nebenfigur.

Gerade an unzertrennlichen Charakterduos der Weltliteratur kann man den Unterschied zwischen Hauptcharakter und Nebenfigur zusätzlich verdeutlichen. Ein Sherlock Holmes ist ohne Dr. Watson nicht denkbar. Zu einem Don Quijote gehört ein Sancho Panza. Jedem Leser wird schnell klar, wer die erste und zweite Geige spielt, jedoch haben die Autoren alle diese Romanfiguren liebevoll und detailliert entwickelt.

Was sind Nebencharaktere? Hier ist die Vielfalt groß. Ein schönes Beispiel für die Vielfalt an Nebenrollen in der Literatur bietet der historische Roman „Krieg und Frieden" mit seinem Figurenreichtum. Der Frauenheld Kurágin hat in Tolstois Buch eine wichtigere Rolle als der kriegsgefangene Bauer Platon Karatájew oder der Artillerieoffizier Túschin, doch dies sind alles Nebenfiguren und diese Figuren spielen ihre Rolle im Roman. Tolstoi gewährt Kurágin mit seiner Affäre mit Natáscha Rostow eine Nebenhandlung in seinem Buch. Eine Figur wie der Bauer Platon hat wiederum die Funktion, mit seiner einfachen Sichtweise auf die Welt dem Hauptcharakter Pierre Besuchow die „Augen zu öffnen." Auch wenn die Nebenfiguren bei Tolstoi ein recht unterschiedliches Gewicht haben, bleiben sie dem Leser im Gedächtnis. Hauptcharaktere und Nebenfiguren gleichermaßen zu gestalten, ist die eigentliche Kunst der Figurenentwicklung.

Bei Figuren mit Nebenrolle gibt es eine Unterscheidungsmöglichkeit: Es gibt Nebenfiguren mit einem eigenen Handlungsstrang und Charaktere ohne eigene Handlung. Diese Figuren haben ein unterschiedliches Gewicht für den Plot deines Romans, du solltest ihnen bei der Ausarbeitung jedoch die gleiche Aufmerksamkeit schenken.

Alle Nebenfiguren haben eine Gemeinsamkeit: Sie sind ersetzbar. Nehmen wir erneut die Vielzahl an originellen Nebenfiguren der Harry Potter Bücher als Beispiel. Letztendlich spielt es nicht so eine große Rolle, wer Harry, Hermine und Ron jedes Jahr unterrichtet. Dies sieht man sehr schön am Lehrer für Verteidigung gegen die dunklen Künste. In jedem Band finden wir hier einen neuen Charakter. Harry Potter würde vielleicht gerne seine dunkle Lordschaft aus den Büchern verbannen, aber hier hat Joanne K. Rowling ein Wörtchen mitzureden.

Nebenfiguren sind ebenso keine reinen Statisten. Statisten sind Charaktere, die in einer einzelnen Szene auftauchen und rein funktional sind. Hierzu kann zum Beispiel ein Archivar gehören, der dem ermittelnden Helden den Zugang zu alten Unterlagen in einem Kriminalfall gewährt. Dabei können auch Statisten originelle Figuren sein. Im Abenteuerroman „Der Kurier des Zaren" von Jules Verne gibt es in einem Kapitel die Figur eines Beamten im Telegrafenamt. Während die Tataren das Haus beschießen, soll der Mitarbeiter ein Telegramm aufnehmen. Obwohl die Lage höchst kritisch ist, lässt sich der Beamte bei seiner Arbeit nicht aus der Ruhe bringen und geht der Tätigkeit in gewohntem Tempo nach. Nachdem eine größere Granate die Mauer des Telegrafenamtes zerstört, muss er zu seinem Bedauern feststellen *„Mein Herr, die Leitung ist unterbrochen."* Der Beamte schließt den Schalter, nimmt seinen Hut und geht. Diese Figur taucht nur in der Szene im Telegrafenamt auf, sie wird nicht näher beschrieben und hat auch keinen Namen. Dieser Statist hat im Roman nur die Funktion ein Telegramm zu verschicken. Nebenfiguren grenzen sich klar von solchen Statisten ab, die sicherlich auch in deinem Roman zu finden sind. Diesen Figuren musst du keine so große Aufmerksamkeit widmen, sie brauchen keinen Namen und auch keine äußerliche Beschreibung. Statisten bieten trotzdem die Möglichkeit, originelle oder skurrile Figuren zu entwickeln. Ein schwerhöriger Archivar kann deinem Helden durchaus einige Probleme bei der Recherche bereiten.

Wie entwickelst du nun Nebenfiguren? Für diese Charaktere gelten weitgehend die gleichen Tipps wie für Hauptfiguren. Die Figuren mit Nebenrolle sollten nicht stereotypisch sein und auch Schwächen haben. Es kann durchaus sinnvoll sein, ein Charakterblatt für diese Figuren zu führen. Dieser Charakterbogen muss nicht so detailliert wie für deine Hauptfiguren sein. In zwei wichtigen Punkten unterscheiden sich die Nebencharaktere von deinem Helden: Sie haben kein besonderes Merkmal und treiben auch nicht aus eigenem Willen die Handlung voran. Dabei sind Nebenfiguren auch keine reinen Statisten. Sie spielen ihre Rolle in deinem Buch und haben teilweise einen Handlungsstrang. Widme in jedem Fall deinen Hauptfiguren wie den wichtigen und weniger wichtigen Charakteren mit Nebenrolle bei der Ausarbeitung die gleiche Aufmerksamkeit. So entstehen Figuren, die dem Leser im Gedächtnis bleiben.

3.5 Schreibstil

In vorhergehenden Kapiteln haben wir uns immer wieder auf die antike Rhetorik berufen und dabei hat sich gezeigt, dass die Theorie aus der Antike viel an Aktualität besitzt. Die Rhetorik hat sehr viele Strategien entwickelt, wie man den Zuhörer erreicht. Genau genommen sind diese Strategien der eigentliche Kernbereich der antiken Rhetorik. Weiterhin hat sich die Theorie der Antike viel mit dem Schreibstil beschäftigt. Über die Jahrhunderte wurde eine ausgefeilte und detaillierte Theorie dazu entwickelt. Ein Beispiel sind die vier Tugenden Angemessenheit, Sprachrichtigkeit, Klarheit und Stilmittel. Hier geht es gleichzeitig um die Frage, wie man den Leser anspricht und um einen guten Schreibstil. Dazu hat die antike Theorie viele Ratschläge parat, wie man den eigenen Stil findet. Im antiken Schulunterricht standen Schreibübungen im Vordergrund, damit die Schüler den eigenen Schreibstil entwickelten. Dabei orientierte man sich zunächst an Mustern, emanzipierte sich schrittweise von diesen Mustern und entwickelte so den eigenen Stil.

3.5.1 Wie erreiche ich den Leser?

Die Rhetorik hat eine Vielzahl von Strategien entwickelt, wie man den Zuhörer erreicht. Viele dieser Strategien lassen sich direkt auf den Leser übertragen. Wie erreichst du den Leser mit deinem Roman? Dieses Kapitel behandelt vier Tipps aus der antiken Rhetorik, die bis heute aktuell sind und dir helfen sollen, dein Buch genauer auf deine Zielgruppe auszurichten. Wir hatten es schon erwähnt: Zahlreiche antike Reden waren Prozessreden vor Gericht, es ging darum, die Richter zu überzeugen und sie für sich zu gewinnen. Eine ganz zentrale Rolle spielte die Erzählung (narratio) des Falles. Bei der Darlegung des Sachverhaltes wurde der Fall (z. B. ein Mordfall, Korruption oder Betrug) in allen Details vorgetragen. Häufig ging es darum, das Mitleid der Richter zu erregen oder Wut auf den Angeklagten hervorzurufen. Um die Adressaten zu erreichen, wurde eine ausführliche und ausgeklügelte Theorie entwickelt. Die antike narratio-Theorie ist der Kern der späteren Erzähltheorie in Literaturwissenschaft und Poetik. Ganz viele Strategien der antiken Rhetorik lassen sich auf das Schreiben von Büchern und auf die Leserschaft übertragen. Das Erreichen von Zuhörer und Leser funktioniert mit den gleichen Techniken. Damit man mit seiner Erzählung den Adressaten überzeugt, kennt die antike Rhetorik vier Tugenden: Angemessenheit (aptum), Sprachrichtigkeit (latinitas), Klarheit (perspicuitas) und Stilmittel (ornatus). Wenn du diese vier Tugenden beim

Schreiben deines Romans einhältst, kannst du deine Leser wesentlich besser erreichen.

a) Angemessenheit – Die Zielgruppe beachten

Kennst du eigentlich die Zielgruppe deines Romans? Hast du ein klares Bild davon, für wen du schreibst? Bevor du überhaupt mit dem Schreiben beginnst, solltest du dir über dein Genre und deine Leser klarwerden. Ein Kinderbuch stellt ganz andere Anforderungen als ein Kriminalroman oder Erotikroman. Jedes Genre folgt bestimmten Regeln und diese solltest du als Autor kennen. Angemessenheit heißt, dass du die richtigen Mittel wählst, um deine Leser zu erreichen. Dies lässt sich an zwei Beispielen erläutern. In einem Kinderbuch ist es sinnvoll, eine leicht verständliche Sprache zu wählen und Fremdwörter sowie Anglizismen zu vermeiden. In der modernen Kinderliteratur ist es dazu nicht üblich, dass der Konflikt im Handlungsverlauf durch Mord und Totschlag gelöst wird. Schreibst du wiederum Fantasy, sind ganz andere Mittel zur Konfliktlösung angemessen. Du kannst den Leser auch mit einem pathetischen Schreibstil erreichen. Selbst altertümliche Wörter wie „Altvordere" oder „holde Maid" dürften bei der Leserschaft Gefallen finden. Wer ein Roadmovie als Roman schreibt und dort unterwegs eine „holde Maid" abschleppen möchte, wird nicht ganz den Geschmack seiner Leser treffen. Quintilian, der erste Rhetorik-Professor der Geschichte, hat es in seinem Hauptwerk „Ausbildung des Redners" sehr schön auf den Punkt gebracht. Man solle nicht den Fehler begehen *„Erhabenes mit Niedrigem, Altes mit Neuem, Poetisches mit Gewöhnlichen zu vermischen; [...]"* (Quint. VIII, 3, 60) Quintilian rät von einer Vermischung des Sprachstils ab, weil man so häufig gegen die Regeln des Genres verstößt und am Ende seine Leserschaft nicht erreicht. Aus diesem Grund raten auch viele Verlagsexperten vom Genremix ab. Mit einem Genremix will man es besonders vielen Lesern recht machen und erreicht schlussendlich am Ende keine klare Zielgruppe.

b) Sprachrichtigkeit – Ein fehlerfreier Text im üblichen Sprachgebrauch

Die Angemessenheit (aptum) ist die Haupttugend in der Antike für die Erzählung, dem aptum sind die drei weiteren Tugenden untergeordnet. Bevor sich ein angehender Redner in der Antike überhaupt mit Themen wie Argumentationstheorie oder Redeaufbau beschäftigen konnte, durchlief er die Grammatikschule. Es wäre undenkbar gewesen, eine politische Rede in falschem Griechisch vor der Volksversammlung zu halten. Du wirst nun sicherlich bemerken: Korrekte Rechtschreibung und Grammatik in einem Buch sollten eigentlich eine Selbstverständlichkeit sein. Doch wie viele Texte gibt es im Internet mit einer Vielzahl von Rechtschreib- und Grammatikfehlern? Auch mancher Self-Publisher nimmt es mit dem Lektorat nicht so ernst. Verlage können ein Lied davon singen, wie viele fehlerhafte Manuskripte sie am Tag bekommen. Auch dies gehört zur Angemessenheit, einem Buchverlag eine fehlerfreie Textprobe und ein korrektes Exposé zu schicken. Nur so hat man überhaupt eine Chance auf eine Veröffentlichung. Das Thema Lektorat ist nicht wirklich beliebt bei den Autoren. Wenn du dein Buch als Self-Publisher veröffentlichen möchtest, lies es schon während des Schreibens immer und immer wieder Korrektur. Wenn dein

Manuskript fertig ist, gib es einer weiteren Person zur Korrektur, im besten Fall sogar einem professionellen Lektor oder Korrektor. Der Leser wird es dir am Ende danken und positive Rückmeldungen (durch gute Rezensionen) sollten nicht ausbleiben. Die antike Tugend latinitas meint nicht nur Sprachrichtigkeit im Sinne von korrekter Grammatik und Rechtschreibung. Es geht auch um eine angemessene Wortwahl, die sich am modernen und geläufigen Sprachgebrauch orientiert. Auch hier hat Quintilian einen wertvollen Rat parat, um den Leser zu erreichen. Im ersten Teil eines Hauptwerkes, der die Grammatik behandelt, heißt es, man solle sich am üblichen Sprachgebrauch orientieren, *„denn es wäre fast lächerlich, die Redeweise, wie die Menschen (früher) gesprochen haben, der Redeweise, wie man jetzt spricht, vorzuziehen."* (Quint. I, 6, 43). Verstöße gegen diese Regeln sind möglich, wenn es der Angemessenheit entspricht.

c) Klarheit – Verständlicher Text und nachvollziehbare Handlung für den Leser

Die Entscheidung für einen modernen und geläufigen Sprachgebrauch hat viel mit der Klarheit zu tun. Der Text sollte für den Leser allgemein verständlich sein. Das heißt nicht, dass du auf eine poetische Sprache verzichten musst oder den Roman in einer plumpen Alltagssprache schreiben solltest. Für einen klar verständlichen Text solltest du zum Beispiel auf regional gebräuchliche Begriffe, Fremdwörter, veraltete oder gekünstelte Wörter verzichten. Der Satzbau sollte nicht so verschachtelt sein, dass der Leser jeden Satz zweimal lesen muss. Auch bei der Namenswahl spielt das Prinzip der Klarheit eine wichtige Rolle. Hast du zum

Beispiel Figuren mit sehr ähnlichen Namen, verwirrt dies den Leser vielleicht. Lassen sich komplizierte Namen nicht vermeiden, weil dein Roman in einem für deutsche Leser fremden Kulturkreis spielt, kann eine kleine Charakterübersicht am Anfang des Buches Abhilfe schaffen.

Das Thema der Klarheit spielt besonders in Fantasyliteratur und historischen Romanen eine Rolle. In einem Fantasyroman kann es den Leser verwirren, wenn eine Vielzahl von neuen Namen und Personen auf ihn einströmt. So kann es durchaus irritierend sein, wenn gleich im ersten Kapitel König Theokrates vom Bund von Alderney in seiner Hauptstadt Vexmor auf dem Thron sitzt. Er ist übrigens die mächtigste Person des Kontinents Cunaxa. Ein guter Fantasy-Autor weiß, wie er die zentralen Begriffe seiner erfundenen Welt einführt. Auch ein Schriftsteller historischer Romane hat das richtige Gefühl dafür, wann er bei historischen Details erläuternd eingreifen muss und wann sich Dinge von selbst erklären.

Zur Klarheit gehört es auch, logische Fehler im Handlungsaufbau zu vermeiden. Über dem Prinzip der Klarheit steht erneut die Angemessenheit. Schreibst du zum Beispiel einen regionalen Krimi, ist es sogar erforderlich, regional gebräuchliche Wörter zu verwenden.

d) Stilmittel – Sprachfiguren durchaus erwünscht

Mit rhetorischen Stilmitteln kann man ganze Bücher füllen und dies wurde in der Vergangenheit auch mehrfach gemacht. Hier ist die Frage, ob es heute noch angemessen ist, seinen Text mit Metaphern, Alliterationen und Inversionen zu überfrachten und auszuschmücken. Kann man auf diese Weise den Leser heute noch erreichen? Literatur ist keine

Alltagssprache und bedient sich nie einfacher Worte. Wenn du aktuelle Romane zur Hand nimmst, findest du dort häufig Sprachfiguren, sicherlich dezenter eingesetzt als in anderen Literaturepochen. Auch in diesem Fall hilft die antike Rhetorik weiter. So unterscheidet die Theorie zwischen einem schlichten, mittleren und erhabenen Stil. Der schlichte Stil eignet sich für die Lehre und zeichnet sich durch einen treffsicheren wie prägnanten Ausdruck aus. Wer Lehrbücher schreibt, sollte diesen Sprachstil wählen. Beim pathetischen und erhabenen Stil geht es um starke Affekterregung und Gegenstände von hoher Bedeutung. Dieser Sprachstil kommt zum Beispiel in großen politischen Reden zum Einsatz. Der mittlere Sprachstil dient der Unterhaltung der Zuhörer wie Leser und hierzu gehört die Literatur. Es geht um einen Schreibstil, der keine Alltagssprache für belanglose Dinge wie einen Einkauf oder Gespräche über das Wetter ist. Denke immer daran, dein Buch behandelt keine Belanglosigkeiten, sonst würdest du deine Geschichte nicht erzählen. Bemühe dich um eine ansprechende und unterhaltsame Sprache, mit der du den Leser erreichen kannst. Es geht nicht darum, künstlich und geplant Sprachfiguren zu setzen. Besonders im Bereich Unterhaltungsliteratur für den Massenmarkt, ist eine einfache, klare und dabei dennoch anspruchsvolle Sprache ein Schlüssel zum Erfolg.

Es ist letztendlich dein eigener Schreibstil, der die Figuren aus deiner Feder fließen lässt. Um es abschließend mit den Worten von Quintilian zu sagen, der den mittleren Sprachstil wie folgt umschreibt: *„[...] wie ein Strom, der ruhiger und zwar in klarem Licht, aber an seinen Ufern von grünenden Wäldern beschattet dahinströmt."* (Quint. XII, 10, 60).

Mancher Autor würde sich über einen solch stetigen Schreibfluss freuen.

Für die antike Rhetorik sind Angemessenheit, Sprachrichtigkeit, Klarheit und Stilmittel die vier Tugenden für eine überzeugende Erzählung. Bei genauer Betrachtung sind die recht alten Strategien von erstaunlicher Aktualität. Orientierst du dich bei deinem Roman an diesen vier Prinzipien, sollte es für dich wesentlich leichter sein, deine Zielgruppe zu erreichen. Überlege dir genau, welche Personen du ansprechen willst und halte die Regeln deines Genres ein. Mit einer korrekten, verständlichen und ansprechenden Sprache solltest du den Leser erreichen. Dies ist leicht gesagt, doch bereits die Antike sah im Verfassen der Erzählung die größte Herausforderung. Letztendlich kann dir die Theorie nur helfen und Ideen bieten, die Umsetzung ist die Kunst des Autors.

3.5.2 Den eigenen Schreibstil finden

Autoren, die an ihrem ersten Buch schreiben, imitieren gerne den Stil erfolgreicher Schriftsteller. Verlagslektoren können im Anschreiben an einem Buchverlag häufiger lesen: *„Ich schreibe so ähnlich wie Bestsellerautor XY.“* Mit dieser Formulierung sollte man vorsichtig sein, da dies bedeuten könnte, dass der Autor seinen eigenen Schreibstil noch nicht gefunden hat.

Im letzten Kapitel wurde das Thema Schreibstil bereits angesprochen. Doch wie findest du deinen eigenen Stil beim Schreiben? Es gibt hierzu im Internet und in Schreibratgebern sehr viele Tipps. So kannst du in diversen Ratgebern zum

Beispiel lesen, dass du zu viele Adjektive und Füllwörter vermeiden solltest. Darüber hinaus gibt es Tipps zur idealen Satzlänge wie auch zur Struktur von Haupt- und Nebensätzen. Doch diese Ratgeber gehen vielmehr der Frage nach, was ein guter Schreibstil ist, indem klargestellt wird, welche Fehler man vermeiden sollte. Solche Tipps sind beim Finden des eigenen Stils nicht wirklich hilfreich. Möchtest du deinen eigenen Stil finden, gibt es eigentlich nur einen Tipp: Schreiben. Gerade junge Autoren und Schreibanfänger sollten vieles ausprobieren. Versuche dich an Kurzgeschichten und verschiedenen Genre, selbst wenn dir diese Literaturgattungen eigentlich nicht liegen. Verfasse deine Texte dazu in verschiedenen Erzählperspektiven, sehr bald wirst du zum Beispiel merken, ob dir eher der Ich- oder Er-Erzähler liegt. Schreibstil ist nichts, was sich in kurzer Zeit entwickelt. Es dauert etwas, bis du deinen eigenen Stil gefunden hast und er wird sich auch im Laufe der Zeit ein wenig wandeln. Um einen eigenen Stil beim Buch schreiben zu entwickeln, ist es außerdem ratsam viel zu lesen. Hierzu gehören sowohl die Klassiker der Weltliteratur als auch die Trivialliteratur. Dabei musst du dich nicht auf Belletristik konzentrieren. Schreibst du historische Romane, ist es sinnvoll historische Klassiker zu lesen. Von guter und auch schlechter Lektüre kannst du viel lernen und deinen Schreibstil verfeinern. Auf diese Weise findest du viele Autoren, die Einfluss auf dich ausüben und dir als Orientierung dienen können. Kein Schriftsteller kommt ohne literarische Vorbilder aus. Joanne K. Rowling gibt als Vorbilder Jane Austen, C.S. Lewis und Edith Nesbit an. Oder nehmen wir Günter Grass als Beispiel. Der Nobelpreisträger ließ sich von Alfred Döblin, François Rabelais und Hans Jakob Christoffel von Grimmelshausen beeinflussen.

Wie geht man mit solchen Vorbildern um, um seinen eigenen Schreibstil zu finden? Hier hilft erneut ein kleiner Exkurs zur antiken Schulpraxis weiter. Das Fundament des antiken Schulunterrichts war das Prinzip der Nachahmung (imitatio). Die Schüler absolvierten eine Ausbildung zum Redner und übten sich täglich schriftlich und mündlich in der Nachahmung von Musterreden. Das hohe Ziel war es, diese Vorbilder nicht einfach zu kopieren, sondern deren Leistung zu überbieten. Diese Mustertexte dienten den Schülern als Orientierung und nicht etwa als strikte Vorlage. Im antiken Schulbetrieb lösten sich die angehenden Redner Schritt für Schritt vom Vorbild und schufen etwas Eigenständiges. In der Antike lernten die angehenden Redner eher spielerisch zum Beispiel die Gattung der Gerichtsrede und entwickelten schrittweise einen eigenen Schreibstil. Das Prinzip der imitatio kann ein Weg zum eigenen Stil sein. Du orientierst dich an deinen literarischen Vorbildern, versuchst diese zu imitieren und machst dich Schritt für Schritt auf dem Weg zu deinem eigenen Schreibstil. So emanzipiert man sich von seinen großen Vorbildern. Dieses Vorgehen ist für Schreibübungen und nicht die Arbeit an deinem Roman gedacht. Nimm dir zum Beispiel eine Kurzgeschichte deines Lieblingsautors, schreibe die Geschichte an einer beliebigen Stelle weiter oder entscheide dich für ein anderes Ende. Du kannst auch als Lektor tätig werden und einzelne Seiten stilistisch verbessern. Dieser spielerische Umgang mit Sprache dient der Verbesserung deines Schreibstils und ist in jedem Fall einen Versuch wert. Solche kleinen Schreibübungen helfen übrigens auch bei Schreibblockaden.

Wenn du mit deinem Buch nicht weiterkommst, nimm dir eine Kurzgeschichte deines Lieblingsautors vor und schreibe anhand dieser Vorlage. Hier dürfte es wesentlich leichter sein, mit dem Schreiben zu beginnen und du kommst in den gewünschten Schreibfluss. Nebenbei arbeitest du an deinem eigenen Schreibstil weiter.

4. Ein Buch veröffentlichen

Der letzte Teil des Autorenratgebers beschäftigt sich mit der Buchveröffentlichung. Dabei steht die Frage im Mittelpunkt, wie du deinen Roman in einem klassischen Verlag veröffentlichst. Die meisten Autoren bevorzugen weiterhin den Weg über einen Buchverlag, auch wenn es mittlerweile Alternativen gibt. Was erwartet ein Buchverlag von einem Autor und wie kannst du deine Chancen auf Veröffentlichung verbessern? Dem wichtigen Thema Exposé widmen wir ein ausführliches Extrakapitel. Dabei lässt der Ratgeber auch nicht die Alternativen zur Verlagsveröffentlichung aus dem Blick. Ein Literaturagent kann dir Türen zu einem Buchverlag öffnen und so kommst du über einen kleinen Umweg zur ersehnten Veröffentlichung. Dazu gehen wir auf das Thema Self-Publishing ein, was sich in Deutschland immer stärker etabliert. Mit Covergestaltung und ISBN beleuchten wir zentrale Punkte für Self-Publisher. Der dritte Teil des Ratgebers geht auf Themen für Autoren mit erster Veröffentlichung ein. Wie planst du deinen Social Media Auftritt und wie solltest du mit negativen Rezensionen umgehen?

4.1 Der Weg über den Verlag

Seinen Roman in einem großen Verlag zu veröffentlichen, dürfte der große Traum vieler Autoren sein. Die Veröffentlichung in einem Buchverlag ist besonders für Erstautoren schwierig, wenn auch nicht unmöglich. Man kann seine Chance auf eine Verlagsveröffentlichung jedoch deutlich erhöhen, wenn man einige grundlegende Dinge beachtet. Dazu gehört zum Beispiel, dass du Anschreiben, Manuskript bzw. die Leseprobe und Exposé ohne Fehler verschickst. Doch bevor du überhaupt die genannten Unterlagen verschickst, solltest du eine intensive Recherche bei den Verlagen durchführen. Nicht jeder Buchverlag veröffentlicht jedes Genre. Ein wahlloses Versenden deines Manuskripts erhöht letztendlich nur die Anzahl frustrierender Absagen. Dieser Abschnitt dreht sich um die Frage, was Verlage von Autoren erwarten und wie du deine Chance auf eine Veröffentlichung erhöhst. Dazu sprechen wir das Thema Literaturagentur an. Ein Literaturagent kann dir die Tür zu einem Verlag öffnen.

4.1.1 Lektorat – Der letzte Schliff

Das Lektorat des eigenen Romans wird häufig stiefmütterlich behandelt. Das Buch ist fertig und soll endlich zum Verlag. Wer sein Werk als Self-Publisher veröffentlicht, nimmt es mit den Korrekturen vielleicht nicht ganz so ernst. Über ein paar Fehler im Text werden die Leser schon hinwegsehen, es zählen doch vor allem die Handlung und der Inhalt. Dieses Vorgehen mancher Autoren mag überspitzt klingen, doch die Botschaft dahinter dürfte klar sein: Du solltest das Lektorat deines Romans sehr ernst nehmen. Zumindest ein Korrektorat (Rechtschreibung, Grammatik, Zeichensetzung) ist Pflicht. Wer sein Buch mit zahlreichen Fehlern an einen Verlag schickt, hat von Anfang an verloren. Kein Verlagslektor wird sich näher mit einem Manuskript befassen, das bereits auf der ersten Seite mehrere Fehler in

Rechtschreibung und Zeichensetzung hat. Auch für Self-Publisher gilt: Wer seinen Roman ohne ausreichende Korrekturlesung einfach veröffentlicht, könnte sich über Rezensionen wie folgt ärgern: *„Spannende Story. Doch ein Lektorat hätte dem Buch gutgetan."* Oder *„Gutes Buch, jedoch der Autor hätte noch einen Lektor darüber lesen lassen sollen."* Willst du wirklich solche Rezensionen unter einer Veröffentlichung mit deinem Namen lesen? Es wäre doch sehr schade um die ganze Mühe, die du dir mit deinem Werk gemacht hast? So ist es an der Zeit, wieder einen guten alten Freund kennenzulernen: Konrad Duden.

Wie sollte ein Autor bei einem Lektorat vorgehen? Ein Verfahren in drei Schritten kann gewährleisten, dass am Ende ein möglichst fehlerfreier Text steht. In einem ersten Schritt solltest du dein „fertiges" Buch lesen und immer wieder lesen, um möglichst viele Fehler in Rechtschreibung, Grammatik und Zeichensetzung auszumerzen (Korrektorat). Hast du an einigen Stellen Zweifel, wie es zum Beispiel bei der Kommasetzung aussieht, frage Freunde und Bekannte um Hilfe. Dazu gibt es verschiedene Seiten und Foren im Internet, auf denen man Zweifelsfälle diskutieren kann. Zu einem Lektorat würde dann ergänzend auch die Verbesserung der Stilistik und das Auffinden logischer Fehler gehören. Feile ruhig noch etwas an einzelnen Formulierungen, auch wenn du auf der Jagd nach Rechtschreibfehlern bist, dies wird deinem Text guttun.

Erst wenn du das Gefühl hast, keine Fehler mehr zu finden, kannst du dein Buch zur Überprüfung an eine zweite Person geben. Womit wir beim zweiten Schritt wären. Vielleicht hast du einen guten Freund oder Bekannten, der das Korrekturlesen deines Romans übernehmen kann. Natürlich sollte dieser felsenfest in der deutschen Sprache sein. Im Regelfall dürfte es dann so laufen: Die Person wird bei der Prüfung deines Romans noch eine größere Anzahl von Fehlern und Schwächen finden. Vielleicht weist er dich auch auf logische Fehler hin. Das ist nicht weiter verwunderlich, denn gegen die eigenen Fehler ist so gut wie jeder betriebsblind. Sicherlich bleiben bei der Korrektur des Buches noch einige Fehler unentdeckt.

Wer ein weitgehend perfektes Manuskript möchte, sollte sich an einen professionellen Korrektor wenden. Hier wären wir beim besagten dritten Schritt auf dem Weg zum fehlerfreien Text, der vor allem für Self-Publisher gedacht und sinnvoll ist. Wer sein Buch in Eigenregie veröffentlichen möchte, sollte zumindest über ein solches Korrektorat nachdenken. Dies ist natürlich eine Kostenfrage. Wer sein Manuskript an einen Verlag schickt, kann sich diesen dritten Schritt sparen. Kann man mit seinem Roman einen Buchverlag oder Literaturagenten überzeugen, erfolgt im Regelfall ein kostenloses Lektorat samt Korrektorat. Verlangt der Verlag vor der Veröffentlichung Geld hierfür, ist Vorsicht geboten. Möglicherweise bist du an einen Zuschussverlage geraten.

Es sind bereits die Begriffe Korrektorat und Lektorat gefallen. Bevor man überhaupt über die Preise für ein professionelles Lektorat redet, sollte man die Unterschiede noch einmal ganz deutlich machen. Ein Korrektorat umfasst im Regelfall die Durchsicht von Rechtschreibung, Grammatik und Zeichensetzung. Das Lektorat eines Romans geht noch wesentlich weiter. Hier erfolgt eine Überprüfung auf inhaltliche und logische Fehler, dazu stehen einzelne Formulierungen und die Stilistik auf dem Prüfstand. So ist es nicht verwunderlich, dass diese umfassende Form der Textkorrektur teurer als ein Korrektorat ist. Ein mittlerer Preis für ein Lektorat liegt bei vier bis sieben Euro pro Normseite.

Damit du einschätzen kannst, was dich ein professioneller Lektor kosten würde, musst du die Zeichenanzahl deines Buches auf Normseiten umrechnen. Eine klassische Normseite umfasst 1.800 Zeichen mit Leerzeichen. Dies entspricht einer Buchseite mit 30 Zeilen á 60 Zeichen (etwa 300 Wörter). Diese Definition stammt noch aus der Zeit der Schreibmaschinen, in der man eine Seite von oben bis unten vollgeschrieben hat. Die VG Wort sieht eine Standardseite mit 1.800 Zeichen als nicht mehr zeitgemäß und definiert die Normseite mit 1.500 Zeichen inklusive Leerzeichen. An dieser Definition orientieren sich heute viele Lektorate und Übersetzer. Damit du die Kosten für ein Lektorat deines Romans richtig einschätzen kannst, musst du dein Manuskript in Normseiten umrechnen. Dazu nimmst du bei Word einfach die Zeichenanzahl mit Leerzeichen (unter „Wörter zählen") und teilst diese durch 1.500. Schon hast du die Anzahl der Normseiten ermittelt. Doch bevor du überhaupt eine Normseite ermittelst, solltest du dich beim Dienstleister erkundigen, wie dieser eine solche Seite definiert. Diese Informationen findet man im Regelfall auf der Internetseite des Anbieters. 1.500 Zeichen sind die Definition der VG Wort. Doch einige Lektorate rechnen auch mit 1.600 Zeichen oder mit 250 Wörtern pro Normseite. Doch nun haben wir genug über Zeichenzahlen philosophiert. Was würde nun das Lektorat eines Buches mit 300 Normseiten kosten? Bei sechs Euro pro Seite wären das 1.800 Euro.

Bei einem Korrektorat sind die Kosten deutlich geringer. In jedem Fall ist es ein stolzer Preis für einen Self-Publisher, der seinen ersten Roman vielleicht in einer Auflage von 400 Exemplaren verkauft.

Möchtest du für die Korrektur deines Buches nicht so tief in die Tasche greifen, gibt es eine interessante Alternative. Im Internet findet man eine Vielzahl von ehrenamtlichen Lektoren, die jungen Autoren gerne weiterhelfen. Einen solchen Service bietet auch die Literaturseite Leselupe.de an. Hierbei handelt es sich nicht um ein professionelles Lektorat. Vielmehr steht das inhaltliche Rezensieren zwischen Autor und Lektor im Vordergrund, was für beide Seiten vor allem Spaß an der literarischen Arbeit bedeuten soll.

Vielleicht findest du es übertrieben, deinen Roman in drei Schritten zu korrigieren. Hinzu kommt noch die Frage der Kosten für einen professionellen Dienstleister. Doch es ist wichtig, dass du nach einer gründlichen Überarbeitung deines Werkes das Manuskript zumindest von einer zweiten Person lesen lässt. Lasse dieser Person ausreichend Zeit für die Korrekturen. Du hast vielleicht über ein Jahr an deinem Buch geschrieben und kannst nun nicht einige Wochen auf die Textkorrektur warten? Mit wenigen Fehlern im Roman steigen die Chancen auf eine Veröffentlichung im Verlag. Um es deutlicher zu formulieren: Erst dann besteht die Chance auf eine Veröffentlichung. Oder würdest du dich als Verlagslektor längere Zeit einem Manuskript mit vielen Fehlern in Grammatik und Rechtschreibung widmen, wenn auf deinem Schreibtisch so viele Einsendungen liegen, dass die Worte „rechtzeitiger Feierabend" zur Utopie werden? Auch und besonders als Self-Publisher solltest du auf einen möglichst fehlerfreien Text achten. Ob man Geld in ein professionelles Lektorat investieren möchte, muss jeder – auch anhand des eigenen Geldbeutels - für sich selbst entscheiden.

In diesem Kapitel war mehrfach die Rede von der Normseite. Es empfiehlt sich, dass du spätestens beim Lektorat des Romans dein Manuskript in das Format der Normseite umarbeitest. Für Buchmanuskripte gelten pro Seite 30 Zeilen (1800 Zeichen). Eine solche Formatierung ist keine Pflicht, es wirkt jedoch professioneller auf den Lektor, wenn deine Leserprobe der Normseite entspricht. Wie man eine solche Seite mit einem Textverarbeitungsprogramm erstellt, haben wir unten aufgelistet. Es empfiehlt sich dazu, zum Schreiben des Buches von Anfang an die Normseite zu verwenden, dies macht eine zeitaufwendige Neuformatierung des Manuskripts beim Lektorat unnötig.

Die Normseite
- Seitenränder: 2,19 cm (oben), 1,78 cm (unten), 3,17 cm (links) und 2,54 cm (rechts)
- ca. 60 Zeichen pro Zeile und 30 Zeilen pro Seite (so kommst du auf etwa 1.800 Zeichen pro Seite bzw. rund 250 Wörter pro Seite)
- Schriftgröße 12 und 24 pt Zeilenabstand
- Schriftart: Mit Serifen (z.B. Times New Roman, Courier New) zur besseren Lesbarkeit
- Flattersatz, linksbündig
- Seitenzählung

4.1.2 Einen Verlag finden und anschreiben

Willst du deinen Roman veröffentlichen, denkst du sicherlich in erster Linie an einen Buchverlag. Dieser klassische Weg einer Buchveröffentlichung erfordert häufig viel Ausdauer und Geduld. Große Verlage wie Diogenes, Knaur oder Rowohlt erhalten jährlich schätzungsweise jeweils 3.000 bis 6.000 unverlangte Manuskripte. Selbst kleine Verlage bekommen regelmäßig Post von potentiellen Autoren. Nur ein Bruchteil davon schafft es ins Verlagsprogramm. Diogenes meldete 2015, man hätte von 9.000 solcher Einsendungen in drei Jahren nur einen Roman veröffentlicht. Gerade für Erstautoren ist es besonders schwierig, ein Buch in einem Verlag zu veröffentlichen. Im Internet sind nur wenige konkrete Informationen zum Umgang von Verlagen mit unaufgefordert eingesandten Manuskripten zu finden. Einen kleinen Einblick bietet der Bericht einer Praktikantin. Die Praktikantin in einem größeren deutschen Verlag hatte die Aufgabe, unverlangt eingesandte Manuskripte zu sichten und interessante Einsendungen an den zuständigen Lektor weiterzuleiten. Dabei standen pro Roman zehn Minuten zur Prüfung zur Verfügung: *„Unaufgefordert eingesandte Manuskripte lesen und begutachten. Hihihi. Das ist wirklich großartig. Denn 99% von denen sind schlichtweg ganz, ganz, ganz, ganz schlecht. Ehrlich wahr. Das ist ein bisschen wie DSDS. Man fragt sich, welcher Verwandte, Bekannte oder Freund den jeweiligen Personen ein Talent bestätigt hat.“* (Quelle: schriftverkehrt.wordpress.com) Gleichzeitig versucht der Bericht, mit dem Mythos aufzuräumen, man könne als Autor mit einem Erstlingswerk von einem Verlag entdeckt werden:

„Nette Idee. Ist aber leider nicht drinnen. Das passiert nicht, und wenn, dann vielleicht ein, zweimal in der gesamten Geschichte eines Verlages. Und die Chancen schwinden von Jahr zu Jahr." Die genannten Zahlen der wenigen Veröffentlichungen von Erstautoren und der Bericht machen wenig Mut. Doch es gibt Möglichkeiten, dass du bei deinem unaufgefordert eingesandten Manuskript die Chance auf eine Veröffentlichung zumindest erhöhst. Auf diese Kriterien achten deutsche Buchverlage.

a) Programmschwerpunkte davor studieren

Bevor du überhaupt daran denkst, einen Verlag anzuschreiben, solltest du das jeweilige Programm studieren. Passt dein Roman überhaupt zum Profil des Buchverlags? Welche Genre werden veröffentlicht? Hier reicht schon eine kurze Durchsicht der bisherigen Veröffentlichungen auf der Homepage, um bestimmte Programmschwerpunkte zu erkennen. Ein Kinderbuchverlag wird sicherlich keine Horrorliteratur veröffentlichen und umgekehrt. Wenn du nur wenige Minuten investierst, um ein Verlagsprogramm zu studieren, sparst du dir viel Zeit und einige frustrierende Erlebnisse. Unverlangt eingesandte Manuskripte, die nicht ins Programm passen, bekommen im besten Fall eine schriftliche Absage. Schaue dir nicht nur die großen Verlage an. In einem Kleinverlag hast du vielleicht eine größere Chance, dein Buch zu veröffentlichen, da sich hier auf dem Schreibtisch des Verlagslektors weniger unverlangte Manuskripte stapeln.

b) Anforderungen des Verlags an Exposé und Textprobe beachten

Hast du nun einen passenden Buchverlag gefunden, solltest du ganz genau darauf achten, was gewünscht wird. Die Verlage informieren auf ihrer Homepage detailliert darüber, was ein Autor einschicken soll. So erfährst du zum Beispiel, wie lang Exposé oder Leseprobe maximal sein sollen oder ob auch eine Autorenvita gewünscht wird. So verlangt zum Beispiel der Deutsche Taschenbuchverlag (dtv) maximal 30 Seiten eines Romans und fordert im Bedarfsfall das ganze Manuskript beim Autor an. Eine Leseprobe reicht im Regelfall auch vollkommen aus. Verlagslektoren erkennen bereits an den ersten Seiten das Potential eines Romans. Erzähltechnische Mängel am Anfang des Buches finden sich mit großer Sicherheit auch im ganzen Roman. Ein Werk, das einen Lektor nicht auf den ersten zwei bis drei Seiten überzeugt, findet keinen Weg ins Verlagsprogramm. Dazu schreiben Buchverlage häufig etwas zum Umgang mit unaufgefordert eingesandten Manuskripten. Hier erfährt man zum Beispiel, wie lange eine Überprüfung der Einsendung im Regelfall dauert oder wie man Kontakt mit dir aufnimmt. Wird auf der Seite eine Bearbeitungszeit von zehn Monaten genannt, solltest du auch die nötige Geduld haben.

c) Anschreiben an den Lektor adressieren

Ein richtig adressiertes Anschreiben an den zuständigen Lektor erhöht die Chance, dass dein unverlangt eingesandtes Manuskript die gewünschte Aufmerksamkeit bekommt. Schreibst du hingegen „Sehr geehrte Damen und Herren", wirkt es häufig so, als würdest du ein solches Standardanschreiben an ganz viele Verlage schicken. Für einzelne Lektoren ist eine fehlende Adressierung bereits ein K.o.-Kriterium und die Einsendung wandert in den Papierkorb. Wer der zuständige Lektor für dein Genre in einem Buchverlag ist, erfährst du im Regelfall auf der Verlagsseite oder durch einen Anruf. Die Mühe lohnt sich auf jeden Fall, den Namen der richtigen Person in Erfahrung zu bringen. Im Anschreiben erläuterst du, warum dein Roman ins Verlagsprogramm passt.

d) Wird eine Kurzvita verlangt?

Manche Verlage verlangen eine Kurzvita des Autors. Was kann man sich darunter vorstellen? In eine Kurzvita gehören dein Name, die Anschrift und weitere Kontaktdaten, wie Telefonnummer und E-Mail-Adresse. Dazu führst du in der Kurzvita Ausbildungen und Studiengänge im publizistischen Bereich (z.B. Journalismus) oder den Besuch einer der Hochschulen für Kreatives Schreiben auf. Hast du bereits Veröffentlichungen oder einen Literaturwettbewerb gewonnen, gehört dies auch in die Kurzvita für den Verlag. Häufig wird der Tipp genannt, dass eine Kurzvita für einen Verlag als Fließtext (keine Tabelle) und in der dritten Person geschrieben werden soll.

e) Ein gutes Exposé ist das A und O

Wie intensiv sich ein Lektor (oder Praktikant) mit einem unaufgefordert zugesandten Manuskript beschäftigt, hängt vor allem vom Exposé ab. Kannst du mit der Zusammenfassung deines Romans überzeugen, liest der Verlagslektor häufig auch deine Leseprobe. Ein überzeugendes Exposé sollte maximal drei Seiten umfassen. Es muss den groben Handlungsverlauf (ohne Details) und die

Grundideen deines Buches vorstellen, zusätzlich gehören Angaben zur Charakterentwicklung der Hauptfiguren in das Exposé. Die Zusammenfassung sollte das Ende deines Romans verraten und zugleich deutlich machen, warum das Manuskript für den Verlag interessant ist. Ein gutes Exposé zu schreiben ist schwierig, es erfordert viel Mühe und Zeit. Solltest du eine Vielzahl von Absagen erhalten und du bist vom Potential deines Werkes überzeugt, kann es sich lohnen, noch etwas am Exposé zu feilen.

f) Keine Fehler im Exposé oder in der Leseprobe

Der nächste Punkt ist eigentlich eine Selbstverständlichkeit. Deine Einsendung an den Verlag ist mit einer Bewerbung für einen Job vergleichbar. Finden sich gleich im Anschreiben drei Fehler, wird sich der Praktikant oder Lektor sicherlich nicht die Mühe machen und den Rest lesen. Dazu gibt es für viele Verlagslektoren weitere K.o-Kriterien. Dazu gehören zum Beispiel Smileys im Anschreiben, farbliche Hervorhebungen im Text, das Genre wird nicht eindeutig benannt oder man liefert das Cover für seinen Roman gleich mit. Die genannten Fehler sollte man in jedem Fall vermeiden. Vergiss auch nicht, deinem Roman einen aussagekräftigen Titel zu geben. Viele Autoren nutzen lange einen Arbeitstitel für ihr Buch. Spätestens, wenn du dein Buch an Verlage schickst, brauchst du einen verkaufsträchtigen Titel für deinen Roman. Achte aus rechtlichen Gründen darauf, dass du keinen Buchtitel wählst, der bereits existiert.

g) Geduld haben und nicht nachhaken

Du hast deinen Roman an einen oder mehrere Verlage geschickt, nun heißt es erst einmal Geduld haben. Bis du eine Antwort bekommst, können Monate vergehen. Buchverlage verweisen auf ihrer Seite im Regelfall darauf hin, dass die Durchsicht von unverlangt zugesandten Manuskripten viel Zeit in Anspruch nimmt. Häufig findet man den Hinweis, von schriftlichen und telefonischen Rückfragen nach dem Stand der Bearbeitung abzusehen. Einzelne Verlage schreiben dazu auf ihrer Homepage, dass sie keine Absagen verschicken. Grundsätzlich ist es immer sinnvoll, nicht nachzuhaken und einfach Geduld zu haben. Eine telefonische Rückfrage erhöht zumindest nicht die Chancen auf eine Veröffentlichung.

Was schickst du alles an einen Verlag?

- Manuskript oder (häufiger) eine Leseprobe des Romans
- Anschreiben (Warum passt mein Buch ins Verlagsprogramm)
- Exposé (Inhaltsangabe und Charakterentwicklung auf zwei bis drei Seiten)
- Kurzvita des Autors (wenn verlangt)

Lass dich dabei von den ersten Absagen nicht entmutigen und gib nicht gleich auf. Jeder Schriftsteller erhält Absagen, das ist völlig normal und ein Teil des Autorenlebens. Vielleicht kannst du ein wenig an deinem Anschreiben und Kurzexposé feilen, um dem Verlagslektor deinen Roman noch überzeugender zu verkaufen. Habe den Mut, es weiter zu probieren. Es bedarf viel Geduld und Aufwand, einen passenden Verlag zu finden. Am Ende steht jedoch auch das Glücksgefühl, das eigene Buch als Verlagsautor in den

Händen zu halten. Bei einer größeren Anzahl von Absagen kannst du darüber nachdenken, das ganze Manuskript noch einmal zu überarbeiten. Oder du findest dich mit dem Gedanken ab, dass es bei deinem Buch nicht für eine Veröffentlichung reicht. Das heißt nicht, dass du eine schlechte Geschichte geschrieben hast. Mache dir immer eines klar: Nur die wenigsten Manuskripte schaffen es ins Verlagsprogramm. Verlage wollen verkaufen. Nicht alle Bücher sind auch für ein breites Lesepublikum geeignet. Besonders Autoren mit ihrem ersten Roman haben es hier schwer.

Ebenso wie du dir Absagen nicht so sehr zu Herzen nehmen sollst, sollst du Zusagen gründlich prüfen. An einem Tag kommt vielleicht ein Antwortschreiben, das deinen Roman auf Äußerste lobt. Dein unverlangt zugesandtes Manuskript ist genau das Werk, was man schon lange gesucht hat. Dein Roman kommt auf den Buchmarkt, du musst dich nur mit einer bestimmten Geldsumme an der Veröffentlichung beteiligen. Dies sei jedoch nur eine Investition, dein Buch wird dieses Geld schnell wieder hereinbringen. Bei aller Freude über diese Zusage solltest du vorsichtig sein und zum Verlag recherchieren. Mit großer Sicherheit hast du es mit einem Druckkostenzuschussverlag zu tun. Ein normaler Buchverlag verlangt niemals Geld für eine Veröffentlichung. Die Eingabe des Verlagsnamens bei Google mit dem Zusatz „Erfahrungen" sollte dir endgültig Gewissheit verschaffen, ob du es mit einem Zuschussverlag zu tun hast. Wer das Angebot eines solchen Verlags annimmt, kann zwar sein Buch veröffentlichen, aber die investierte Summe (im Regelfall im vierstelligen Bereich) bekommt man über Buchverkäufe kaum mehr herein.

4.1.3 Das Exposé schreiben

Zu einem guten Manuskript gehört ein überzeugendes Exposé. Verstehe die Zusammenfassung deines Romans am besten als Köder: Es soll Interesse beim Verlagslektor wecken. Doch wie schreibt man ein überzeugendes Exposé für sein Buch? Diese Frage beschäftigt viele Autoren, bevor sie ihren Roman an einen Verlag schicken. Einheitliche Vorgaben für die Inhaltsangabe zum eigenen Buch gibt es nicht. Informiert man sich in Schreibratgebern und auf Internetseiten über das Thema, findet man teilweise sogar widersprüchliche Angaben.

Bevor du dich an dein Exposé machst, ist es sinnvoll, den französischen Begriff (frz. Darlegung) zu definieren oder sich der Begrifflichkeit etwas zu nähern. Wikipedia bringt es eigentlich sehr schön auf den Punkt: *„Ein **Exposé** oder **Exposee** ist eine vorausschauende Inhaltsangabe eines literarischen Werks; es soll die Grundidee und den groben Handlungsverlauf vorstellen. Es ist meist nur einige Seiten lang und enthält weder Dialoge noch Einzelheiten. Es skizziert die Hauptfiguren oder gibt die thematische Grundlinie eines Buchs wieder."* (Quelle: Wikipedia) Das Online-Lexikon verdeutlicht in wenigen Sätzen, was die Inhaltsangabe eines literarischen Werkes ausmacht. Mit einem Exposé gibst du die Haupthandlung deines Romans und die Essenz deines Buches auf zwei bis drei Seiten wieder.

Beim Schreiben des Romanexposés solltest du dich nicht nur auf eine reine Inhaltsangabe konzentrieren, sondern dem Lektor tatsächlich die Grundidee deines Werkes vermitteln. Beim Schreiben der zwei bis drei Seiten sollte man auch den Zweck nicht aus den Augen lassen. Das Exposé soll dem

Lektor vor allem vermitteln, ob dein Roman für das Verlagsprogramm relevant ist und sich verkaufen lässt. Es wurde bereits erwähnt, es gibt keine verbindlichen Vorgaben oder gar einen Standard für ein Romanexposé. Du kannst dich jedoch an einige Richtlinien halten, wodurch deine zwei bis drei Seiten mehr Beachtung gewinnen und sich die Chance auf eine Veröffentlichung erhöht.

a) Die Anforderungen der Verlage an das Exposé beachten

Bevor du überhaupt mit dem Schreiben eines Exposés beginnst, informiere dich beim Verlag, den du anschreiben möchtest, über die Anforderungen. Auf der Internetseite des Buchverlages könnte zum Beispiel stehen, dass ein Buchexposé nur zwei Seiten umfassen soll. Dies ist mitunter hart. Viele Autoren sind bereits der Ansicht, dass drei Seiten eigentlich schon viel zu wenig für ein Exposé sind. Manche Verlage machen außerdem nähere Angaben, was sie von der Zusammenfassung eines Romans erwarten. Es gibt übrigens auch keinen Bonus für besonders umfangreiche Werke. Einen Wälzer von 800 Seiten muss man ebenso auf zwei bis drei Seiten zusammenfassen wie ein Buch mit 250 Seiten. Es ist nicht empfehlenswert, mit der Schriftart oder Schriftgröße zu tricksen. Schreibst du dein Exposé in Schriftgröße 10, sind die zwei bis drei Seiten vielleicht kein so großes Problem. Dies wird noch einfacher, wenn deine Seite 40 Zeilen umfasst. Dies mag jetzt etwas überspitzt klingen, zumindest Lektoren dürften solche Tricksereien nicht gefallen.

b) Äußere Form und Stil beachten

Es gibt keine äußeren Vorgaben an ein Romanexposé. Es empfiehlt sich jedoch, sich bei besagten zwei bis drei Seiten an die Normseite (1.800 Zeichen, 30 Zeilen) zu halten. In einer Kopfzeile können deine Adresse und gerne auch der Titel deines Romans stehen. Eine gute Schriftart für deine Inhaltsangabe ist Courier New oder Times New Roman mit der Schriftgröße 12. Es ist dazu selbstverständlich, dass dein Exposé keine Fehler bei Rechtschreibung und Zeichensetzung enthalten darf. Auch der Stil deiner Inhaltsangabe ist wichtig und sollte den Lektor ähnlich wie deine Leseprobe ansprechen. Einige Schreibratgeber schlagen vor, dass der Stil in deinem Exposé dem Grundton deines Romans entsprechen soll. Dies ist eine interessante Idee, ist jedoch kein zwingendes Kriterium für dein Buchexposé.

c) Genre, Zielgruppe und Umfang deines Romans benennen

Es wird immer wieder in Ratgebern oder im Internet empfohlen, vor der eigentlichen Inhaltsgabe und der Charakterentwicklung einige grundlegende Angaben zu machen. Stelle dem Exposé deine vollständige Adresse, den Titel des Buches, das Genre mit Zielgruppen und den Umfang in Normseiten voran. Einige Ratgeber empfehlen dazu, ein Abstract mit zwei bis drei Sätzen vor die Inhaltsangabe zu stellen oder auch etwas zur Erzählperspektive (z.B. Ich-Erzähler) zu schreiben. Im Abstract fasst du die Handlung deines Romans in seiner ganzen Essenz zusammen. Ist ein solches Vorgehen sinnvoll? Bedenkt man, welchen Zweck deine Bewerbung beim Verlag hat, machen solche Angaben durchaus Sinn. Der Lektor will aufgrund deiner Angaben eine erste Einschätzung treffen, ob dein Buch ins Verlagsprogramm passt und sich gut verkaufen lässt. Hier hilft es natürlich, wenn du das Genre deines Werkes mit Zielgruppe möglichst klar benennst. Auch der Umfang deines Buches in Normseiten sollte in der Bewerbung stehen. Es reicht, wenn du deine Adresse, den Arbeitstitel, das Genre mit Zielgruppe und die Anzahl der Normseiten nennst. Gehören diese Angaben übrigens auch zu den zwei bis drei Seiten des Buchexposés? Stehen diese Informationen auf einem separaten Blatt vor dem eigentlichen Exposé mit zwei bis drei Seiten, dürfte dies kein Lektor bemängeln, wenn die Inhaltsangabe überzeugt. Einheitliche Vorgaben für ein Exposé gibt es sowieso nicht, deshalb können wir hier nur eine Empfehlung aussprechen.

d) Inhaltsangabe und Charakterentwicklung im Exposé

Nun kommen wir zum **eigentlichen Kern des Exposés**. In der Inhaltsangabe fasst du die Haupthandlung deines Romans zusammen. Nebenhandlungen oder gar Dialoge gehören nicht in die Zusammenfassung. Der Lektor soll die Gesamtgeschichte deines Buches kennen lernen und deutlich erkennen, wie die Konflikte der Handlung aufgelöst werden. Hier geht es nicht darum, etwas möglichst spannend zu machen oder zu verbergen. Der Lektor ist kein Leser und es handelt sich nicht um einen Klappentext. Das Ende deines Romans gehört ins Exposé. Die Inhaltsangabe wird im Präsens geschrieben. Zum Beispiel: *„Micky ist ein mittelmäßiger Geschäftsmann. Sein größter Traum ist es, amerikanischer Präsident zu werden. Zu Beginn glaubt niemand an ihn."* Es wird immer wieder empfohlen, etwas zur Charakterentwicklung der Hauptfiguren zu schreiben. Für einen Lektor ist es interessant, wenn er sieht, wie sich die Figuren entwickeln und wie glaubwürdig diese sind. Mit Inhaltsangabe und Charakterentwicklung sollte das Exposé tatsächlich nur zwei bis drei Seiten enthalten, was natürlich schwierig ist. Solltest du deinen ersten Entwurf wegen der Länge kürzen müssen, ist es ratsam, bei der Charakterentwicklung statt bei der Inhaltsangabe zu streichen.

Kein Zweifel, es ist schwierig, ein gutes und überzeugendes Buchexposé zu schreiben. Ein Verlag möchte anhand dieser Darlegung von zwei bis drei Seiten auch sehen, ob Autoren die Haupthandlung ihres Romans knapp und ohne logische Brüche darstellen können. Es wird sicherlich etwas Zeit erfordern, bis du ein gutes Exposé geschrieben hast. Es ist nicht unüblich, dass Autoren mehrere Versionen schreiben und jede Fassung immer etwas kürzer wird bzw. werden muss, damit man auf die gewünschte Länge kommt. Es kann auch sinnvoll sein, sich an Beispielen zu orientieren. Im Internet fehlt es nicht an guten Vorlagen erfolgreicher Romanexposés, die den Autoren einen Vertrag bei einem Buchverlag brachten. Mit etwas Suche über Google findet man genügend gute Anregungen. Bevor du dann dein Exposé an den ersten Verlag schickst, ist es sinnvoll es Freunden und Verwandten vorzulegen. Bitte um ehrliche Kritik. Sollten diese Personen nicht überzeugt sein, versuche noch einmal an deinem Romanexposé zu feilen.

4.1.4 Der Literaturagent als Alternative

Es gibt eine interessante Alternative, auf einem anderen Weg seinen Roman im Verlag zu veröffentlichen. Sicherlich hast du schon von Literaturagenten gehört. Doch was macht solch ein Agent eigentlich? Eine Literaturagentur ist ein Dienstleister und dient als Vermittler zwischen Autor und Verlag. Der Literaturagent bietet das Buchmanuskript verschiedenen Verlagen an und handelt im Erfolgsfall den Autorenvertrag aus. Seriöse Agenturen nehmen im Vorfeld vom Schriftsteller kein Geld, erst im Erfolgsfall fällt eine Provision in Höhe von 15-20 Prozent des Autorenhonorars an. Gerade für Nachwuchsautoren mit dem ersten Buch kann eine Literaturagentur hochinteressant sein. Die Literaturagenturen haben gewachsene Kontakte zu Verlagslektoren und kennen den deutschen Buchmarkt genau. Ein Agent ist mit den einzelnen Verlagsprogrammen vertraut und weiß dadurch, welchem Verlagslektor er ein Manuskript anbieten kann. Dazu arbeitet er als Fachmann im Erfolgsfall häufig einen besseren Autorenvertrag mit dem Verlag aus als der Autor selbst. Literaturagenten werden bei Buchverlagen übrigens gerne gesehen, schließlich nehmen sie dem Verlag Arbeit ab. Der Agent hat bereits eine Selektion durchgeführt, denn auf einige hundert Einsendungen kommt meist nur ein Agenturvertrag. Die Agentur präsentiert somit im Regelfall ausgewählte und hochwertige Manuskripte, die sich auf dem Buchmarkt verkaufen lassen. Dies wissen die Verlage durchaus zu schätzen.

Wenn du dich entscheidest, ein Buch an eine Literaturagentur zu schicken, solltest du mit der gleichen Sorgfalt wie bei einem Verlag vorgehen. Eine Agentur verlangt häufig ebenso Anschreiben, Kurzexposé und Autorenvita. Informiere dich im Vorfeld genau auf der Seite des Dienstleisters. Agenturen schließen zum Beispiel bestimmte Genres aus oder bevorzugen einzelne Literaturgattungen. Dazu findest du mitunter Informationen zur gewünschten Romanlänge in Normseiten. Auch einen Literaturagenten musst du von deinem Werk überzeugen. Agenturen wählen Manuskripte nach ähnlich strengen Kriterien wie Verlage aus, schließlich sind die Dienstleister auf die Vermittlung und den Erfolg eines Buches angewiesen. Eine Literaturagentur arbeitet jedoch schneller als viele Verlage, du bekommst in kürzerer Zeit eine Antwort auf deine Einsendung. Kannst du den Agenten am Ende für dein Werk begeistern, hast du schon einen kleinen Erfolg erzielt.

Viele Agenturen arbeiten jedoch nicht nur als reine Vermittler zwischen Verlag und Schriftstellern, sondern beraten die Autoren ausführlich. Der Agent hilft zum Beispiel beim letzten Feinschliff von Leseprobe und Exposé. Er spricht mit dem Autor ab, welche Verlage infrage kommen und welchen Preis man für das Manuskript erzielen kann. Ein Detail sollte man nicht aus den Augen lassen: Ein Literaturagent ist keine Garantie für eine Veröffentlichung. Hast du einen Vermittler von deinem Manuskript überzeugt, bestehen tatsächlich sehr gute Chancen für einen Vertrag. Doch es kann passieren, dass der Agent keinen passenden Verlag findet.

In Deutschland gibt es eine Vielzahl von Literaturagenten. Verschaffe dir am besten einen Überblick über den Agenturmarkt mit den einschlägigen Suchbegriffen bei Google. Es kann auch sinnvoll sein, Erfahrungsberichte zu lesen. Dazu gibt es bei seriösen Agenturen einen Bereich mit

Referenzen. Hier kannst du dir einen Überblick darüber verschaffen, welche Romane erfolgreich an Verlage vermittelt wurden. Jede größere Stadt verfügt im Regelfall über einen solchen Dienstleister. Wenn du an einer Vermittlung deines Buches interessiert bist, informiere dich, welche Agenturen es in deiner Stadt gibt, falls dir der direkte und persönliche Kontakt wichtig ist. Vielleicht kannst du dir vor Ort ein Bild von der Literaturagentur machen. Sei vorsichtig, wenn der Dienstleister Einreichungskosten, Bearbeitungsgebühren oder Geld für ein kostenpflichtiges Lektorat verlangt. Dies ist ein häufiges Anzeichen dafür, dass du es mit einem schwarzen Schaf der Branche zu tun hast, der dich als Autor am Ende noch an einen Zuschussverlag vermittelt. Literaturagent ist kein geschützter Beruf, jeder kann sich als Dienstleister und Vermittler für Verlage ausgeben. Die Literaturagentur der Leselupe, die auch diesen Ratgeber veröffentlicht hat, vermittelt beispielsweise ohne solche Gebühren gute Manuskripte von Autoren an deutsche Verlage. Erst bei einem Vermittlungserfolg fällt das branchenübliche Agenturhonorar an.

4.2 Self-Publishing

Self-Publishing wird heute immer mehr zu einer Alternative zur traditionellen Veröffentlichung in einem Verlag. So verspricht zum Beispiel Kindle Direct Publishing von Amazon unkompliziertes Veröffentlichen von gedruckten Büchern wie auch eBooks und Tantiemen von bis zu 70 Prozent. Anbieter wie BookRix oder BoD versprechen ebenso derartig hohe Honorare. Von Tantiemen von 70 Prozent können Verlagsautoren nur träumen. Doch so rosig ist die schöne neue Welt des Self-Publishings nicht. Das Buchangebot von Selbstverlegern ist groß und als Self-Publisher musst du dich zum Beispiel um Covergestaltung für dein Buch, das Lektorat und die Vermarktung deines Werkes komplett selber kümmern. Jedoch ist Self-Publishing für alle Autoren eine Überlegung wert. Wir geben einen Einblick in diese Form der Veröffentlichung, die sich in Deutschland immer mehr etabliert. Dazu beleuchtet dieser Abschnitt wichtige Fragen für Selbstverleger wie Covergestaltung und das Thema ISBN.

4.2.1 Self-Publishing als Alternative

Hast du schon einmal über das Thema Self-Publishing nachgedacht? Sicherlich, viele Autoren möchten ihr Buch am liebsten in einem bekannten, großen Verlag wie Suhrkamp, S. Fischer oder Rowohlt veröffentlichen. Doch gerade der Weg ins Verlagsprogramm der großen Verlagshäuser ist schwer, dies hat das letzte Kapitel verdeutlicht. Ein Erfolg bei einem größeren Buchverlag ist durchaus nicht ausgeschlossen und für jeden Autor einen Versuch wert, doch in der Realität schaffen es sehr wenige Manuskripte ins Verlagsprogramm der ganz Großen. Für jeden Buchautor gibt es eine Reihe von interessanten Alternativen. Sei es nun eine Veröffentlichung im Kleinverlag oder der Weg in einen Verlag über einen Literaturagenten, der über die notwendigen Kontakte zu Verlagslektoren verfügt. Diese Themen wurden bereits angesprochen. Alternativ kannst du dein Buch auch als Self-Publisher unabhängig von einem Verlag und einer Agentur veröffentlichen. Das vielschichtige Thema „Self-Publishing" gänzlich zu erklären, würde den Rahmen dieses Ratgebers sprengen, jedoch wollen wir dir einen kleinen einführenden Einblick nicht vorenthalten. In den letzten Jahren hat sich ein Markt für Self-Publisher in Deutschland entwickelt. Wenn du heute dein Buch veröffentlichen möchtest, bist du nicht mehr auf einen Verlag angewiesen. Mit der Publikationsform Books on Demand kann jeder Autor kostengünstig seinen eigenen Roman in den Buchhandel bringen. Immer mehr Schriftsteller entscheiden sich auch für die Veröffentlichung ihres Werkes als eBook, denn Experten sagen elektronischer Literatur eine große Zukunft in Deutschland und steigende Leserzahlen voraus.

Grundsätzlich gibt es beim Self-Publishing zwei Möglichkeiten: Bring dein Werk entweder als gedrucktes Book on Demand und / oder als eBook auf den Markt. Viele deutsche Anbieter für Self-Publishing ermöglichen beide Formen der Veröffentlichung. Books on Demand ist eine Publikationsform für Kleinstauflagen und basiert auf dem Digitaldruckverfahren. Das Buch liegt beim Dienstleister nur in elektronischer Form vor und wird erst auf Bestellung gedruckt. Wenn du dein Werk als Book on Demand veröffentlichen willst, schicke deinen Roman im Regelfall als PDF-Datei an einen Anbieter wie BoD oder ePubli und bestimme den Leistungsumfang für dein Buch. Einzelne Dienstleister bieten Zusatzleistungen wie Covergestaltung und Lektorat an, die zusätzlich Geld kosten. Eine ISBN-Nummer ist bei immer mehr Anbietern im Grundpreis (der meist zwischen 20 Euro und 200 Euro liegt) mit inbegriffen. Bei der Auftragserteilung für dein Book on Demand legst du auch selber den Verkaufspreis des Buches und deine Autorenmarge fest.

Mit einem eBook erstellst du ein elektronisches Buch, das man auf einem eBook-Reader, Tablet oder Computer lesen kann. eBooks erfreuen sich einer immer größer werdenden Beliebtheit, dazu gibt es mittlerweile ein breites Angebot von eReadern, man denke nur an die Kindle-Geräte von Amazon. Experten gehen davon aus, dass der Markt für elektronische Literatur in Deutschland jedes Jahr langsam, jedoch stetig wächst. Laut einer Umfrage der BITKOM im Jahr 2016 liest etwa ein Viertel der Deutschen eBooks. Besonders beliebt ist elektronische Literatur bei den 14- bis 29-jährigen Lesern mit einem Anteil von 36 Prozent. Ein Detail sollte man nicht unerwähnt lassen: Der Anteil von eBook-Lesern stagniert seit Jahren in Deutschland. Doch diese Personen entscheiden sich immer häufiger für das Lesen auf einem eReader und entdecken dabei auch Literatur im Bereich Self-Publishing.

Wenn du deinen Roman als eBook verkaufen möchtest, kannst du das Buch wie gewohnt mit einem Textverarbeitungsprogramm schreiben. Nutze während des Schreibens keine ungewöhnlichen Schriftarten oder Formatierungen, damit es später beim Erstellen des eBooks keine Probleme mit dem Layout gibt. Um ein elektronisches Buch zu erstellen, gibt es kostenlose Programme wie Calibre oder den Mobipocket-Creator. Vom Mobipocket-Creator gibt es schon länger keine neue Version, deshalb raten wir zu Calibre. Du kannst das eBook direkt über Online-Shops wie Amazon, Apple oder Kobo verkaufen. Diese Anbieter haben auf ihren Seiten eigene Apps zum Erstellen von eBooks. Beachte dabei, dass Amazon und Apple mit eigenen Formaten für elektronische Bücher arbeiten und die verkauften eBooks nur auf den Readern des jeweiligen Anbieters zu lesen sind.

Alternativ kannst du ein elektronisches oder gedrucktes Buch auch bei einem Dienstleister wie BoD, Neobooks, ePubli oder BookRix verkaufen. Diese Online-Shops bieten elektronische Literatur in weitverbreiteten Formaten wie EPUB oder MOBI an. Dazu sind diese Distributoren noch in einer anderen Hinsicht interessant. Ein Dienstleister wie BookRix verteilt deinen Roman an zahlreiche Online-Shops, dafür behält er einen Teil vom Verkaufspreis des Buches als Honorar. Wenn du dein Werk direkt und exklusiv über Amazon oder Tolino verkaufst, verdienst du dort häufig mehr, trotzdem kann sich das Angebot der Distributoren unterm Strich lohnen: Du belieferst mehr Online-Shops, verkaufst mehr Bücher und verdienst mehr Geld.

Bevor du dich für einen Dienstleister entscheidest, solltest du dir das Angebot der Distributoren und auch der direkten Anbieter ganz genau anschauen. Die Dienstleister zahlen nicht nur unterschiedliche Honorare an die Autoren aus, es hängt dazu von deinem Verkaufspreis ab, was du als Self-Publisher verdienst. Besonders gravierend sind die Unterschiede bei Kindle Direct Publishing (KDP) über Amazon. Kostet dein Buch dort 2,99 Euro bis 9,99 Euro (brutto), bekommst du 70 Prozent als Autorenhonorar (vom netto). Verlangst du für deinen Roman wiederum mehr als 9,99 Euro (brutto) oder weniger als 2,99€ gibt es nur 35 Prozent (vom netto) über KDP. Wenn du zum Beispiel dein eBook günstig für 3,99 Euro verkaufst, gehen sicherlich mehr Exemplare über den virtuellen Ladentisch als bei 11,99 Euro. Unterm Strich erzielst du mit dem günstigeren Preis mehr Einnahmen mit Self-Publishing. Wie viel Prozent man vom Verkaufspreis als Autorenhonorar bekommt, hängt also auch maßgeblich von deiner Preisgestaltung ab. Bei den

Distributoren sind die Unterschiede beim Honorar nicht so gravierend wie bei KDP von Amazon. Bekannte Anbieter sind hier Xinxii, ePubli, Neobooks und BookRix, um nur einige Beispiele zu nennen.

Relevante Fragen, bevor du dich für einen Distributor entscheidest, wären: *Sind die Kosten für eine ISBN beim Dienstleister inklusive? Wie sieht es mit der Kündigung aus und entstehen zusätzliche monatliche Kosten? Wie hoch sind die Gebühren? Welche Shops werden beliefert?* Nimm dir wirklich Zeit, dir die Angebote der Distributoren genau anzuschauen. Diesen Rat kann man nicht oft genug geben. Ob man sich nun für klassisches Self-Publishing oder einen Distributor als Dienstleister entscheidet, in jedem Fall gilt: Bei allen Anbietern erhältst du ein hohes Autorenhonorar für dein elektronisches Buch. Autoren als Self-Publisher erhalten häufig zwischen 50 bis 80 Prozent vom Verkaufspreis, was deutlich über den Honoraren in einem klassischen Verlag als Printbuch (etwa 5-15 Prozent) liegt.

Als Self-Publisher muss man sich bei vielen Dienstleistern um alles selbst kümmern. Darunter fallen zum Beispiel Lektorat, Covererstellung, Veröffentlichung auf verschiedenen Plattformen, Preisgestaltung, Marketing, Rechtliches und Abrechnung. Überlege dir genau, ob du alle diese Aufgaben allein als Self-Publisher übernehmen willst. Bist du zum Beispiel sicher, dass du mit allen rechtlichen Fragen beim Self-Publishing vertraut bist? Wie sieht es dazu mit steuerrechtlichen Fragen aus? Wie versteuert man Einnahmen aus Buchverkäufen? Hast du darüber hinaus keine Erfahrung bei der Gestaltung eines Covers, solltest du diese Aufgabe einem Profi überlassen. Ein amateurhaftes Cover schreckt den Leser ab und wirkt sich negativ auf den Verkauf aus. Sei als Self-Publisher auch bereit, zentrale Aufgaben abzugeben, selbst wenn dir dadurch Kosten entstehen.

Träume als Self-Publisher mit einem Book on Demand oder eBook nicht von großen Verkaufszahlen. Immer mehr Autoren gehen heute diesen Weg der Veröffentlichung, wodurch es ein breites Angebot an Literatur auf dem Markt gibt. Als Self-Publisher wirst du im Regelfall trotz hoher Autorenhonorare nicht reich mit deinem Buch. Lege also deinem Chef nicht zu früh die Kündigung auf den Tisch. Du wirst jedoch sicherlich eine gute Anzahl von begeisterten Lesern für deinen Roman finden und erfüllst dir am Ende deinem Traum vom eigenen Buch. Und mit ansteigender Leser- und Fanzahl von Buch zu Buch, steigen meist auch kontinuierlich deine Verkaufszahlen.

4.2.2 Buchcover selbst erstellen

Du hast dich als Self-Publisher dafür entschieden, dein Buchcover selbst zu erstellen und willst keinen Dienstleister beauftragen. Sei dir jedoch bewusst, dass ein ansprechendes Buchcover wichtig ist und mehr Arbeit bedarf, als man vielleicht zuerst vermutet. Ein Roman wird häufig auch nach Äußerlichkeiten bewertet. Überzeugt das Romancover nicht auf den ersten Blick oder wirkt es im schlimmsten Fall sogar amateurhaft, wird das Buch trotz guten Inhalts nicht gekauft. Deshalb solltest du einige Zeit in das Cover des Romans investieren und mehrere Entwürfe erstellen. Doch wie sieht das perfekte Buchcover eigentlich aus? Eine solche Bewertung ist recht subjektiv, doch es gibt gewisse Orientierungspunkte für ein gutes Cover. Dieses Kapitel richtet sich vor allem an alle Anfänger, die ihr erstes

Buchcover selbst erstellen wollen. Es informiert über Grundlagen und soll helfen, Fehler bei der Covergestaltung zu vermeiden. Wenn du dich entschieden hast, dein Romancover selbst zu gestalten, ist es wichtig, dass du ein Bildbearbeitungsprogramm beherrschst. Dazu gehören im Idealfall Adobe Photoshop oder InDesign. Auch mit dem kostenlosen Programm GIMP kann man ein ansprechendes Cover erstellen. Solltest du noch keine Erfahrungen mit Bildbearbeitung haben, raten wir davon ab, ein Buchcover selber zu erstellen. Hier besteht die Gefahr, dass deine Gestaltung am Ende auf den Betrachter laienhaft wirkt und sich dies negativ auf deine Buchverkäufe auswirkt.

Ein Romancover besteht aus einer überschaubaren Anzahl von Elementen. Hierzu gehören auf der Vorderseite eines oder mehrere Bildelemente, dein Name, der Romantitel, ein möglicher Untertitel und der Verlag. Diese Elemente musst du besonders „ansprechend arrangieren", um den Leser für deinen Roman zu gewinnen. Das ist leichter gesagt als getan, doch auch hier gibt es sinnvolle Orientierungsregeln. Natürlich muss auch die Rückseite des Buches entsprechend gestaltet werden. Im Regelfall steht hier eine kurze Inhaltsbeschreibung und die ISBN.

a) Das Bildelement

Eins oder mehrere Bildelemente dürften das zentrale Element eines jeden Covers sein. Im Regelfall empfiehlt es sich für Anfänger, sich mit einem Bildelement zu begnügen. Das Überladen eines Romancovers mit zu vielen graphischen Elementen gilt als klassischer Anfängerfehler. Welches Motiv sollte man wählen? Im Idealfall erkennt man anhand des Covers bereits das Genre des Romans. Wenn also dein

Horrorroman von außen wie ein Kinderbuch wirkt, hast du definitiv etwas falsch gemacht. Weiterhin sollte das Bild jedoch nicht zu viel von deinem Roman verraten und den Leser neugierig machen. Das ist sicherlich nicht ganz einfach. Hier ist deine Kreativität gefragt. Suchst du ein passendes Bild für dein Buchcover? Es gibt im Internet mittlerweile eine große Auswahl an Bildmaterial, um dein Romancover ansprechend zu gestalten. Beliebte Seiten mit großer Vielfalt an guten Fotos sind zum Beispiel Photocase und iStock. Man erwirbt im Regelfall ein Bild für eine einmalige Gebühr und kann es dann für seinen Roman nutzen. Lies dir jedoch dafür in jedem Fall die AGB des Bildportals durch.

b) Die Schrift und die Farben des Covers

Beim Titel und möglichem Untertitel sowie deinem Autorennamen sollest du nach Möglichkeit keine allzu ausgefallenen Schriftarten wählen und auch nicht verschiedene Fonts mischen. Wichtig ist, dass die Schrift auf dem Buchcover ausreichend groß ist, so dass man Titel, Autor und Verlag gut lesen kann. Das muss auch noch gewährleistet sein, wenn das Romancover verkleinert ist. Denke daran, dass man deinen Roman zum Beispiel in einem Online-Shop häufig nur in einer Vorschauansicht sehen kann. In dieser muss noch alles deutlich lesbar sein, ohne dass der potentielle Leser das Cover vergrößern muss. Bei der Kombination der Elemente empfiehlt sich eine klassische Anordnung, die sich bereits häufiger bewährt hat. Oben auf dem Buchcover stehen Autor und Titel, während man unten den Verlag findet. Experten empfehlen, dass man auf dem Buchcover nicht mehr als zwei bis drei Farben verwenden sollte. Dazu sind deutliche Kontraste bei den Farben wichtig.

Die gleichen Farben nutzt man im Regelfall auch auf der Rückseite des Buches. Weiterhin ist es sinnvoll, wenn du auf zu viele Weißelemente auf deinem Buchdeckel verzichtest. Heute werden sehr viele Bücher über das Internet verkauft und bestellt. Ein weißes Cover wirkt auf einem weißen Hintergrund eines Online-Shops eher unvorteilhaft. Bedenke bei deiner Gesamtgestaltung des Buchcovers auch noch einen weiteren Punkt. Soll dein Roman vielleicht ein Mehrteiler werden? Dann macht es Sinn, bereits jetzt ein unverkennbares Design für deine späteren Bücher zu erstellen.

c) Format

Wenn du dein Taschenbuchcover erstellst, solltest du auch das richtige Format beachten. Wir wollen auf das Thema Formate näher eingehen. Für Self-Publisher ist es wichtig, zumindest ein grundlegendes Wissen über Coverformate auf dem deutschen Buchmarkt zu haben. Es gibt in Deutschland bestimmte Standards für Buchcover und damit für das Format eines Buches. Welches Format du wählen solltest, hängt häufig vom Bereich (z.B. Belletristik, Kinderbuch) ab, indem du veröffentlichst. Dabei muss man erwähnen, dass es für Buchcover keine festen Vorgaben gibt. Es ist jedoch ratsam, bestimmten Empfehlungen aus der Buchbranche zu folgen. Ein Taschenbuch im quadratischen Format wird deine Leser kaum ansprechen und sieht neben anderen Romanen unschön im Bücherregal aus.

Ein besonders gängiges Buchformat ist Oktav oder das Taschenbuchformat. Hier gibt es ein Verhältnis von 1:1,5. Hat dein Buchcover eine Breite von 1000 Pixel, muss die Länge also bei 1500 Pixel liegen. Ein klassisches Taschenbuch hätte dann zum Beispiel eine Länge von 18,8 cm und eine Breite von 12,5 cm. Hier ergibt sich dann das besagte Verhältnis von 1:1,5. Wenn du an deinem Buchcover arbeitest, musst du dich allerdings auch nicht ganz exakt an diese Maße halten. Gerade im Bereich Self-Publishing nutzen viele Anbieter andere (wenn auch vergleichbare) Formate. CreateSpace von Amazon kennt zum Beispiel das Buchformat 5.06 x 7.81 Inches (12,9 cm x 19,8 cm). Hier wäre das Verhältnis 1:1,53 (also 1000 und 1530 Pixel für dein Buchcover). In dem Fall befinden wir uns sehr nah am klassischen Taschenbuchcover. Dazu wird kaum jemand mit dem bloßen Auge den Unterschied zwischen Oktav und dem Amazon-Format sehen. Beide Buchformate sind für Belletristik besonders geeignet und dein Buch wird dem Leser gut in der Hand liegen. Ein deutlich anderes Coverformat bekommt man mit dem Goldenen Schnitt (1:1,62) oder auch Legal. Hier sollte ein Cover bei 1000 Pixel Breite eine Länge von 1620 Pixel haben. Beim Goldenen Schnitt wirkt das Buchcover besonders elegant. Legal kommt vor allem bei Fach- und Sachbüchern zum Einsatz. Der rororo Verlag nutzt bei seinen Taschenbüchern mit 11,5 cm x 19 cm (1:1,65) ein ähnliches Format, damit unterscheidet man sich von anderen Verlagen mit Taschenbüchern. Selbst ein solches Coverformat wäre damit für Belletristik denkbar.

Bei Ratgebern oder Sachbüchern empfiehlt sich ein Papierformat nach DIN-Norm. Das Buchformat entspricht hier einer Schreibmaschinenseite und beträgt 1:1,414 (1000 zu 1414 Pixel). Ein ähnliches Seitenverhältnis bekommt man bei CreateSpace mit 6.69 x 9.61 Inches (17 x 24,4 cm). Das Verhältnis ist 1:1,43. Auch hier wird deutlich, dass es nicht darum geht, sich mit seinem Buchcover päpstlich an bestimmte Formate zu halten.

Quadratisch ist das Kinderbuchformat, man spricht hier ebenso vom Fotobuch- oder Bildbuchformat. Man findet dieses Coverformat im Verhältnis von 1:1 neben Kinderbüchern auch bei vielen Kochbüchern, Bastelbüchern, Geschenkbüchern oder kleineren Bildbänden. CreateSpace von Amazon bietet das quadratische Format mit 8.25 x 8.25 Inches (21,59 x 21,59 cm) an. Solltest du ein Kinderbuch mit vielen Bildern veröffentlichen, ist dieses Buchformat sehr sinnvoll. Weiterhin trifft man auf dem Buchmarkt ein nicht näher benanntes Format an, das sich für großformatige Werke eignet. Hier liegt das Seitenverhältnis etwa bei 1:1,33 (1000 x 1330 Pixel). Beispiele hierfür sind Lehrbücher vom Spektrum Verlag (Gustav Fischer) oder von diversen Bildbänden im größeren Format. Ein solches Coverformat dürfte für Schriftsteller von Romanen kaum von Interesse sein.

Coverformate im Überblick

Oktav oder Taschenbuchformat (1:1,5) für Belletristik
Goldener Schnitt oder Legal (1:1,62) für Fach- und Sachbücher wie teilweise auch Belletristik
Cover nach DIN-Norm (1:1,414) für Ratgeber und Sachbücher
Quadratisches Format (1:1) für Kinderbücher, Kochbücher, Bastelbücher und Geschenkbücher
Großformatiges Cover (1:1,33) für Lehrbücher

Es wurde bereits erwähnt, dass die hier genannten Formate wie der Goldene Schnitt oder das Schreibmaschinenformat Maße aus der Theorie sind. Nimmst du zum Beispiel einige Bücher aus deinem Bücherregal, werden Messungen häufig keine exakten Seitenverhältnisse von 1:1,62 oder gar 1:1,414 ergeben. Das häufige Taschenbuchformat im Verhältnis 1:1,5 solltest du wiederum häufiger in deinem Bücherregal finden, aber selbst hier dürfte es kleinere Abweichungen von Oktav geben. Mit deinem Wissen über die gängigen Buchformate und Genre, kannst du Buchcover entsprechend gestalten und wirst damit den Erwartungen deiner Leser gerecht.

Achte aber in jedem Fall auch auf die Vorgaben und Vorlagen des Books on Demand Dienstleisters, für den du dich entscheidest. Dort steht meist nur eine begrenzte Anzahl an Formaten zur Verfügung. Und es werden auch praktische Vorlagen angeboten.

Im Bereich eBook gilt als Faustregel, ein Seitenverhältnis von 1:1,6 zu wählen, also beispielsweise 1.600 Breite x 2.560 Höhe.

Wer sein erstes Romancover selbst erstellt, wird in verschiedenen Phasen der Gestaltungen immer wieder mit diversen Schwierigkeiten zu kämpfen haben. Das könnte vor allem dann der Fall sein, wenn man ein möglichst ausgefallenes Buchcover designen möchte. Dies muss nicht zwangsläufig sein. Häufig reicht ein schlichtes Cover, das jedoch den Inhalt deines Romans auf den Punkt bringt und potentielle Leser anspricht. Bevor du dich in wilde Designexperimente stürzt, sollte zumindest einer der Coverentwürfe eher schlichter gestaltet sein. Wenn du alle deine Entwürfe fertig hast, kommt die Zeit, die Romancover Freunden, Bekannten und der Familie zu präsentieren. Bitte die Betrachter um ehrliches Feedback. Deine Fragen könnten hier sein: Welchem Genre würdest du mein Buchcover zuordnen? Welche Handlung erwartest du im Roman, wenn du das Cover betrachtest? Sollten die Antworten nicht wie gewünscht ausfallen, bleibt dir häufig nichts weiter übrig, als ein neues Buchcover zu gestalten oder das Design einer anderen Person zu überlassen.

4.2.3 ISBN beantragen

Die ISBN (Internationale Standard Buch Nummer) spielt eine zentrale Rolle auf dem Buchmarkt. Mit einer ISBN kann man jedes Buch weltweit eindeutig identifizieren und problemlos bestellen. Möchtest du deinen Roman als Taschenbuch einem breiten Publikum anbieten, kann das Beantragen einer eigenen ISBN sinnvoll sein.

Doch was steckt hinter der Buchnummer und warum ist diese so wichtig? Die Internationale Standard Buch Nummer wurde in den 60er Jahren eingeführt. Das Ziel war eine eindeutige Kennzeichnung von Büchern weltweit. Zuerst gab es die ISBN-10 mit zehn Ziffern. Seit dem 01. Januar 2007 besteht die Buchnummer aus 13 Zahlen. Wenn du heute eine Nummer für dein Buch (z.B. im Selbstverlag) beantragst, bekommst du immer eine ISBN-13. Erst über eine solche eindeutige Nummer ist dein Roman problemlos über den Buchhandel erhältlich und es erfolgt ein Eintrag in das Verzeichnis lieferbarer Bücher (VLB). Für die Vergabe der Nummer gelten folgende Regelungen: Jede ISBN wird weltweit nur einmal vergeben. Veröffentlichst du dein Buch ein weiteres Mal mit verändertem Text (z.B. bei einer erweiterten Fassung) oder einem neugestalteten Cover, musst du eine neue ISBN beantragen. Dies gilt auch für verschiedene Formen der Veröffentlichung. Hardcover, Taschenbuch und eBook bekommen jeweils eine extra

Nummer. Bei einem eBook ist es sogar so, dass jedes Dateiformat (z.B. EPUB und MOBI) eine extra ISBN erfordert. Nur bei einer unveränderten Neuauflage (gilt auch bei kleinen Korrekturen im Text) benötigt man keine neue ISBN Nummer. Die Buchnummer in Deutschland vergibt die ISBN-Agentur, die Teil der MVB Marketing- und Verlagsservice des Buchhandels GmbH ist, an deutsche Verlage und Einzelpersonen.

Wer seinen Roman über einen Verlag veröffentlicht, muss sich nicht selber um die ISBN kümmern. Jeder Verlag weltweit vergibt für seine Veröffentlichungen automatisch eine fortlaufende Nummer. Dies gilt natürlich auch für alle Autoren, die ihren Weg über eine Literaturagentur zum Verlag finden. Veröffentlichst du deinen Roman hingegen über einen Anbieter für Self-Publishing wie ePubli, BoD oder BookRix, kannst du selbst entscheiden, ob du eine eigene ISBN beantragen möchtest oder die des Dienstleisters nutzen willst. Die dritte Variante neben einer Veröffentlichung im Verlag oder als Self-Publisher ist der Selbstverlag. Hier musst du einiges beachten. Eine ISBN für einen Eigenverlag bekommt man direkt bei der Agentur für Buchmarktstandards. Das ist mit Kosten verbunden. Wer einen Verlag gründet, muss auch ein Gewerbe anmelden. Du bist dann allein für Druck, Vertrieb und Verkauf deiner Bücher verantwortlich. Damit ist viel Verantwortung, Zeitaufwand und auch ein finanzielles Risiko verbunden. Bevor du dich für diesen Schritt entscheidest, solltest du dich genau informieren und eventuell beraten lassen.

Du brauchst keine Internationale Standard Buch Nummer, wenn du deinen Roman nur in deinem Freundes- oder Bekanntenkreis verschenken möchtest. Ebenso verhält es sich, wenn du das Buch ausschließlich über deine eigene Internetseite verkaufst und verschickst. Die ISBN ist nur für den Vertrieb über den Buchmarkt gedacht.

Wer ein eBook ausschließlich auf Amazon veröffentlichen und darüber verkaufen möchte, kann ebenso auf eine ISBN verzichten. Amazon vergibt mit der ASIN eine kostenlose extra Nummer für eBooks. Amazon verlangt ausdrücklich keine Buchnummer für elektronische Bücher. Möchtest du dein eBook neben Amazon auch über andere Online-Shops verkaufen, musst du mit großer Wahrscheinlichkeit eine ISBN beantragen. Die meisten Online-Shops verlangen für eBooks eine Internationale Standard Buch Nummer. Oder aber du veröffentlichst über einen Distributor, bei dem die ISBN inklusive ist.

Eine Veröffentlichung im Selbstverlag und der Kauf der Buchnummer bei der ISBN-Agentur sollten heute für die wenigsten Autoren ein Thema sein. Aber gerade wenn du dein erstes Buch als Self-Publisher veröffentlichst, empfiehlt sich der Weg über einen Anbieter wie BoD oder BookRix. Über einen solchen Dienstleister bekommst du eine ISBN günstiger oder gar umsonst und darüber hinaus unkomplizierter als über die Agentur für Buchmarktstandards.

4.3 Soziale Medien und der Umgang mit Kritik

Im letzten Abschnitt unseres Autorenratgebers sprechen wir zwei Themen an, die für Autoren mit einer ersten Veröffentlichung relevant sind. Social Media ist besonders wichtig für Self-Publisher. Jedoch auch von Verlagsautoren wird erwartet, dass sie die Leser über die Sozialen Medien erreichen und somit die Buchverkäufe steigern. Social Media kann sehr effektiv, aber auch ein großer Zeitfresser sein. Wir beschäftigen uns mit der Frage, wie du überhaupt erst deinen Auftritt aufbaust und wie wirkungsvoll die Vermarktung deines Buches über Facebook & Co ist. Wie setzt du deine Ziele und wie viel Zeit solltest du in Social Media investieren.

Darüber hinaus thematisiert dieser Abschnitt ein weiteres wichtiges Thema, das Self-Publisher und Verlagsautoren gleichermaßen betrifft: Der Umgang mit negativen Buchrezensionen. Wie geht man mit schlechten Rezensionen zum eigenen Roman um? Soll man auf die Kritik antworten und wie kann man sich gegen unfaire Rezensionen wehren?

4.3.1 Social Media für Autoren

Die Sozialen Medien bieten Autoren eine große Chance, um auf sich aufmerksam zu machen und mehr Bücher zu verkaufen. Dies gilt sowohl für Self-Publisher wie auch Verlagsautoren. Doch wie schöpfst du das ganze Potential von Social Media aus? Wie solltest du in den Sozialen Netzwerken als Autor agieren? Gibst du „Social Media für Autoren" bei Google ein, zeigt sich, wie komplex das Thema ist und dass es eine Vielzahl an Informationen hierzu gibt. So findet man zahlreiche Artikel, Videos, Hinweise auf Fachliteratur und Kurse für Marketingstrategien. Gerade junge Autoren mit ihrem ersten Roman sind hier schnell überfordert. Dabei ist der Einstieg in die Sozialen Medien gar nicht so schwer, wenn man sich einige einfache Fragen stellt.

Dieses Kapitel soll Autoren die ersten Schritte in den sozialen Netzwerken erleichtern. Wir zeigen vor allem, wie man Facebook erfolgreich nutzt, gehen aber auch auf andere soziale Plattformen ein.

Bevor du überhaupt eine Autorenseite erstellst, solltest du dir einige Fragen stellen: In welchen Sozialen Foren möchte ich neben Facebook noch aktiv werden? Wie viel Zeit möchte ich investieren? Was sind meine Ziele?

a) In welchen sozialen Foren möchte ich neben Facebook aktiv werden?

Es gibt eine Vielzahl von Social Media Kanälen, nicht alle eignen sich gleichermaßen für Autoren. Du solltest dir im Vorfeld Gedanken machen, auf welchen Plattformen du neben Facebook noch aktiv werden möchtest. Hast du einen großen Bekanntenkreis bei Twitter, wäre es sinnvoll dieses Netzwerk zu nutzen. Auf dem Mikrobloggingdienst tummeln sich viele Schriftsteller und Buchblogger, die Plattform ist somit durchaus relevant für das Buchmarketing. Hochinteressant für Autoren dürfte dazu LovelyBooks sein. Hier kannst du Leserunden zu deinem Roman veranstalten, bekommst Feedback von den Lesern und machst dein Buch bekannter. Nun sind wir mit Facebook, Twitter und LovelyBooks bereits bei drei Netzwerken. Es empfiehlt sich, dass du zu Beginn nicht in zu vielen Sozialen Medien aktiv wirst. Experten raten dazu, erst auf einer Sozialen Plattform zu starten und dann in einem Abstand von einigen Wochen oder Monaten in einem neuen Netzwerk zu beginnen. Auf wie vielen Plattformen du aktiv sein möchtest, hängt auch von deiner Zeit ab.

b) Wie viel Zeit möchte ich investieren?

Social Media kann ein echter Zeitfresser sein und noch schlimmer: Man kann viel Zeit bei Facebook & Co verbringen, ohne einen nennenswerten Erfolg zu erzielen. Deshalb ist es sinnvoll, wenn du dir ein bestimmtes Zeitfenster pro Tag oder Woche setzt. Du bist zum Beispiel jeden Tag eine Stunde auf Facebook aktiv. Diese Stunde widmest du voll und ganz diesem Medium. Neben Social Media möchtest du schließlich noch Zeit zum Schreiben finden. Gerade wer nicht vom Schreiben lebt, dürfte nicht viel Zeit für die Sozialen Medien haben. Es geht jedoch darum, regelmäßig am Ball zu bleiben. Dabei ist es nicht wichtig, dass man möglichst schnell viele Fans sammelt, sondern es geht um mittel- und langfristigen Erfolg. Ziele in den sozialen Netzwerken lassen sich nicht von heute auf morgen umsetzen.

c) Was sind meine Ziele?

Was sind deine Ziele in den Sozialen Medien? Dies dürfte für die meisten Autoren klar auf der Hand liegen: Mehr Buchverkäufe. Dieses Ziel wirst du erst auf lange Sicht umsetzen. Zuerst sollte es dir darum gehen, eine aktive Fanbasis aufzubauen und treue Leser zu gewinnen. Es sollte nicht zwangsläufig darum gehen, möglichst viele Fans auf Facebook oder Follower auf Twitter zu haben. Es geht letztendlich um aktive Nutzer, die Inhalte deiner Autorenseite kommentieren und teilen. Empfiehlt eine kleine, aber aktive Fanbasis deine Bücher weiter, kann dies zu mehr Buchverkäufen führen als 1.000 passive Follower. Eine solche Fanbasis sollte auf jeden Fall ein Ziel bei deinem Social Media Auftritt sein. Weitere Ziele könntest du wie folgt formulieren: *Ich möchte Kontakte mit anderen Autoren und Buchbloggern schließen. Ich möchte meinen eigenen Bekanntheitsgrad erhöhen. Ich will in direkten Kontakt mit meinen Lesern treten und Feedback erhalten.* Alle Ziele dürften mittel- und langfristig zu mehr Buchverkäufen führen.

Nun hast du deine Ziele festgelegt und auch schon deine Autorenseite bei Facebook oder ein Profil bei Twitter erstellt. Nun fehlt noch eine Kleinigkeit. Richtig, die Fans. Ein erster Schritt könnte sein, Freunde und Bekannte auf deinen neuen Social Media Auftritt aufmerksam zu machen. Doch nicht jeder Autor verfügt über einen großen Bekanntenkreis und auf lange Sicht ist es nicht ausreichend, Bekannte zu aktivieren. Auf Facebook gibt es eine Vielzahl von Gruppen für Autoren mit vielen Mitgliedern. Melde dich in diesen Gruppen an und werde dort aktiv. Du kannst dich in solchen Gruppen bekannt machen, indem du nach einer kurzen Vorstellung eifrig kommentierst, anderen Mitgliedern bei Fragen hilfst und Kontakte knüpfst. Als aktives Mitglied kannst du sicherlich auch einmal auf deine Autorenseite, eine Lesung oder dezent auf dein Buch aufmerksam machen. Es sollte jedoch nicht so aussehen, dass du alle paar Tage auf deinen Roman verlinkst. Diese Form der Eigenwerbung in Social Media bringt meist keinen Effekt und ist in vielen Facebook-Gruppen ausdrücklich nicht erwünscht. Es ist übrigens nicht notwendig, in tausend Gruppen Mitglied zu sein. Mit einem aktiven und freundlichen Auftreten in einer Handvoll Gruppen, solltest du dir langsam und stetig eine aktive Fanbasis aufbauen.

Bei Twitter ist es vereinfacht gesagt wiederum so: Man folgt bestimmten Personen und hofft natürlich insgeheim, dass diese zurückfolgen. Ein erster Schritt beim Mikrobloggingdienst könnte es sein, nach passenden Stichworten wie Buchblogger, Buchblog oder Rezensionen zu suchen. Auch spezifische Begriffe wie Fantasy oder Krimi machen Sinn. Auf diese Weise findest du eine Vielzahl von Personen, denen du folgen kannst und ein gewisser Teil wird auch dir folgen. So baust du dir eine erste Gefolgschaft in den Sozialen Medien auf.

Es empfiehlt sich, bereits an einer aktiven Fanbasis zu arbeiten, während du noch an deinem Auftritt (z.B. deiner Autorenseite) in den Sozialen Medien feilst. Es braucht Zeit, bis du in einzelnen Facebook-Gruppen bekannt wirst und dich etablierst. Grundsätzlich solltest du immer bedenken: Social Media braucht Zeit. Du wirst in den ersten Wochen nicht gleich 100 Fans gewinnen oder gar deine Buchverkäufe steigern. Setze dich nicht zu sehr unter Druck und vergleiche dich nicht mit anderen Autoren. Vielleicht dauert es bei dir einfach länger, um die gewünschte Fanbasis in den Sozialen Medien zu etablieren.

4.3.2 Umgang mit negativen Rezensionen

Schlechte Rezensionen zum eigenen Roman treffen jeden Autor, dies gilt für Erstautoren wie auch für alte Hasen auf dem Buchmarkt. Doch wie soll man auf eine schlechte Kritik oder Bewertung reagieren? Als erste Regel gilt eigentlich immer: Bewahre Ruhe und reagiere nicht sofort auf eine schlechte Rezension. Wer in einem ersten Anfall von Ärger sofort antwortet und vielleicht seinen Kritiker sogar persönlich angreifst, könnte es später bereuen und es besteht die Gefahr einer verbalen Auseinandersetzung mit dem Rezensenten. Dazu lesen noch viele Personen (z.B. auf Amazon) mit und sehen einen solchen Streit im Internet kritisch. Als erster Schritt bei einer negativen Bewertung ist es ratsam, dass du erst einmal tief durchatmest, die Kritik ein weiteres Mal in Ruhe liest und die negative Rezension richtig einordnest.

Dieser Beitrag soll Autoren eine Orientierung geben, mit schlechten Bewertungen zum eigenen Roman richtig umzugehen. Durch die richtige Einordnung der Buchkritik fällt der Umgang mit solchen negativen Rezensionen häufig leichter. Dazu diskutieren wir die Frage, ob es überhaupt Sinn macht, auf gewisse Formen der Kritik überhaupt zu reagieren und diese zu kommentieren. Der Text konzentriert sich auf Bewertungen auf Amazon mit den typischen ein bis fünf Sternen, die Tipps lassen sich aber auch auf andere Internetseiten oder Blogs übertragen. Bevor du dir über jede negative Rezension den Kopf zerbrichst, macht es erst einmal Sinn, diese bei Amazon richtig einzuordnen. Denn es gibt ganz unterschiedliche Arten von Bewertungen und nicht jede Kritik ist von Belangen oder erfordert gar eine Antwort. Interessant ist immer die Frage: Was wird überhaupt kritisiert und wie konkret sind die Aussagen? Negative Rezensionen kann man grob in folgende Gruppen aufteilen.

a) Kritik ohne Bezug zum Buch

Schlechte Rezensionen, die eigentlich keinen Bezug zu deinem Roman haben, gibt es auf Amazon immer wieder. Da hat der Postbote ein leicht beschädigtes Paket gebracht oder die Lieferung dauert länger als sonst. Vielleicht hat auch der

Download eines eBooks auf dem Kindle Probleme bereitet. Und wer trägt die Schuld an dieser ganzen Misere? Natürlich dein Roman und schnell ist eine negative Rezension mit einem Stern geschrieben. Solche Bewertungen sind ärgerlich, sie verschlechtern unnötig den Durchschnitt (fünf Sterne) bei Amazon. Doch hat die Kritik etwas mit deinem Buch und deiner Art zu Schreiben zu tun? Nein, somit ist es sinnlos sich darüber zu ärgern. Außerdem kannst du sicher sein, dass jeder Leser dieser Bewertung, die „Kritik" richtig einordnen kann. Sie sagt nichts über dein Buch aus und sollte den interessierten Leser nicht vom Kauf abhalten. Falls die Bewertung wirklich gar nichts mit deinem Buch selbst zu tun hast, kannst du sie auch bei Amazon als fehlerhaft melden.

b) Negative Rezensionen ohne Aussage

Kritik ohne tiefere Aussage gibt es leider recht häufig bei Amazon. Hierzu gehören vor allem Kurzrezensionen. Die Buchkritik klingt dann zum Beispiel wie folgt „*Langweiliger Roman, hat mir nicht gefallen.*", „*Ich habe das Buch nach der Hälfte weggelegt.*" oder „*Schlechtes Buch, schade ums Geld.*" Hier ist nur eines klar: Dem Leser hat dein Roman ganz offenkundig nicht gefallen. Was dem Kritiker konkret an deinem Buch nicht gefallen hat, bleibt wohl immer sein Geheimnis. Solche negativen Rezensionen sind nicht erfreulich, finden sich letztendlich aber bei jedem Autor ab einer gewissen Anzahl von Bewertungen. Interessierte Leser werden sich sicherlich bei ihrer Kaufentscheidung nicht an solchen Kritiken orientieren, sofern diese nicht häufiger auftreten. Ein potentieller Käufer schaut sich eher sachliche und ausführliche Bewertungen an.

c) Ausführliche und sachlich negative Rezensionen

Jeder Autor freut sich darüber, wenn sich ein Leser ausführlich mit seinem Buch auseinandersetzt. Weniger erfreulich ist es, wenn die Bewertung des ganzen Romans negativ ausfällt. Doch gerade diese ausführlichen Rezensionen sind wertvoll für dich und du solltest sie genau analysieren. Bemängelt der Leser eine Vielzahl von Rechtschreibfehlern in deinem Buch, ist es sinnvoll, darauf zu reagieren und deinen Roman noch einmal einem Korrektorat oder gar Lektorat zu unterziehen. Bei einem eBook kann man zum Beispiel recht problemlos eine neue und korrigierte Datei hochladen. Betrifft die negative Rezension wiederum den Handlungsstrang und die Figuren des Buches, lässt sich im Regelfall nichts ändern. Du kannst dir solche Kritik nur zu Herzen nehmen und es beim nächsten Buch besser machen. Wie wirken solche negativen Bewertungen auf den potentiellen Leser bei Amazon? Letztendlich kommt es darauf an, wie es bei der Gesamtbewertung aussieht. Bewertungen mit einem oder zwei Sternen finden sich fast bei jedem Roman beim Online-Händler. Selbst Bestseller sind dagegen nicht immun. Hast du mehr Bewertungen mit vier und fünf Sternen, solltest du dir negative Rezensionen nicht so sehr zu Herzen nehmen, diese gehören sozusagen zum Berufsrisiko eines Autors. Dein Buch kann und muss auch nicht allen Lesern gefallen. Solltest du hingegen nur negative Bewertungen auf Amazon bekommen, ist es sinnvoll, diese sehr genau zu analysieren und davon für dein nächstes Werk zu lernen.

d) Unfaire und persönliche Kritik

Leider gibt es auf Amazon auch immer wieder unfaire Kritik. Das kann so weit gehen, dass ein Rezensent einen Autor persönlich angreift. Solche negativen Rezensionen können viele Gründe haben. Einem Leser gefällt das Thema deines Buches nicht und er kann deine Sicht der Dinge in deinem Roman nicht teilen. Dein Buch basiert auf einer wahren Geschichte, was der Kritiker anzweifelt, indem er auf viele Ungereimtheiten und logische Fehler im Handlungsverlauf verweist. Dazu kann hinter einer unfairen Bewertung mit einem Stern auch ein missgünstiger Konkurrent stehen. Gegen unfaire Rezensionen kann man bei Amazon vorgehen und diese über den Button „Missbrauch melden" (mit genauer Begründung) bemängeln. Leider reagiert der Online Händler auf solche Meldungen nur sehr selten und lässt „Rezensenten" eine große Freiheit. Von zehn Meldungen hat etwa eine Meldung Erfolg. Meldest du eine solche unfaire Bewertung bei Amazon, ist es ratsam einige Tage Geduld zu haben. Wurde die Rezension nach einer gewissen Zeit noch immer nicht gelöscht, kann eine weitere Meldung Sinn machen. Dann bearbeitet vielleicht ein anderer Support-Mitarbeiter deine Meldung und du hast Erfolg. Sollte die negative Rezension auch nach dem zweiten Versuch nicht verschwinden, ärgere dich nicht. Interessierte Leser an deinem Roman können solche Bewertungen durchaus richtig einordnen. Selten ist es ratsam, dem Rezensenten auf Amazon zu antworten. Schnell kann daraus eine kleine Fehde entstehen, die Außenstehende mit Kopfschütteln verfolgen.

Am Ende sind wir wieder bei der Frage angelangt: Soll man auf negative Rezensionen auf Amazon oder anderen

Portalen reagieren? Hierauf gibt es keine richtige Antwort. Wir raten davon ab. Das Kapitel hat gezeigt, dass nur die wenigsten Bewertungen eine Reaktion des Autors erfordern. Das Kommentieren schlechter Rezensionen kostet dich Zeit und Energie. Dabei besteht immer die Gefahr, dass der Kritiker auf deinen Kommentar antwortet und es zu einer Auseinandersetzung kommt. Du solltest auf deine Leser vertrauen. Interessenten für dein Buch wissen negative Bewertungen richtig einzuordnen. Niemand wird sich gegen deinen Roman entscheiden, weil die Post nicht schnell genug geliefert hat. Außerdem wird sich kein potentieller Käufer nur an negativen Rezensionen orientieren. Entscheidend ist immer die Gesamtbewertung deines Romans.

5. Schlusswort – Königsweg zum perfekten Buch

Wir haben in unserem Ratgeber immer wieder die Antike bemüht, so soll es auch bei unserem Schlusswort sein:

Als sich der große Mathematiker *Euklid* am Königshof von Ägypten aufhielt, war Pharao *Ptolemaios I* fasziniert von dessen Wissenschaft der Geometrie, die er auch gerne erlernen wollte. Da der Pharao aber nur wenig Zeit hatte, fragte er Euklid um Rat, ob es nicht einen schnellen Weg zum Erlernen der Geometrie gebe. Doch der Wissenschaftler schüttelte den Kopf und sagte: Es gäbe keinen Königsweg zur Mathematik.

Was für die Geometrie gilt, gilt für so viele Dinge des Lebens. Auch zum perfekten Buch gibt es keinen Königsweg, selbst wenn viele Autoren diesen nur zu gerne beschreiten würden. Das Schreiben eines Romans erfordert viel Fleiß und Ausdauer. Doch, mit dem richtigen Ratgeber an der Seite kann man den Weg zum eigenen Buch mit möglichst wenigen Stolpersteinen beschreiten.

Wir hoffen, dir hat dieser kompakte, einführende Ratgeber auf DEINEM ganz persönlichen Weg zur Buchveröffentlichung an der einen oder anderen Stelle geholfen. Wenn du an der einen oder anderen Stelle neugierig geworden bist und tiefer in die Materie einsteigen willst, empfehlen wir dir, bei Amazon oder Google nach weiterführender Literatur zu suchen. Selbstverständlich kannst du auch auf unserem Blog:

www.ein-buch-schreiben.com/ oder in unserer großen Facebook-Gruppe nachlesen oder um Rat bitten:

www.facebook.com/groups/EinBuchSchreiben/

Wir wünschen dir auf jeden Fall viel Spaß beim Buch schreiben und viel Erfolg beim Veröffentlichen desselben!

Tim Rohrer & Marius Pieruschka

Abschließend danken wir den Testlesern und Testleserinnen Sarah Dagdelenis, Daniela Krellwitz, Tolga Öksüzoglu, Saskia von der Osten, Daniela Pondelicek, Selina Saurer, Szilvia Schelenhaus, Jens Stederoth, Antje Szalai, Kirstin Turek für die wertvollen Anregungen und das Feedback. Sie haben uns geholfen diesen Ratgeber lesenswerter zu machen.

6. Anhang und Rechtliches

Wie hat dir dieses Buch gefallen?

Wenn dir dieser kleine Ratgeber gefallen und geholfen hat, freuen wir uns riesig auf deine Bewertung in den Rezensionen deines Online-Buchshops. Natürlich ist hier nicht nur positives sondern auch negatives Feedback willkommen. Beides hilft uns weiter, dieses Buch kontinuierlich zu verbessern und – dank deinen Anregungen – zu erweitern. Also gib dir einen Ruck und schenke uns nun noch ein paar Minuten deiner Zeit für ein Feedback zum Buch im Online-Buchshop – **vielen Dank!**

Über Leselupe.de

Literatur im Zeitalter der Bits und Bytes entsteht nicht mehr auf dem Blatt Papier, sondern am PC-Monitor oder Laptop. Kaum etwas hat sich in den letzten Jahren so stark gewandelt wie der Weg vom Manuskript zum veröffentlichten Buch. Heute werden Geschichten mit dem Textverarbeitungsprogramm entworfen, anschließend per eMail zum Lektor geschickt, dort direkt am PC bearbeitet und über das Netz zum Verfasser zurück gesendet. Später wird das finale Dokument in ein druckfertiges Dateiformat verwandelt und über den Webbrowser direkt auf eine Druckmaschine geschickt, die dann "books on demand" produziert. Zum Schluss kommen die Dokumente "online" in die Endverarbeitung: Fertig ist das Buch. Gelesen werden die Geschichten und Bücher dann häufig online - immer häufiger auch als eBook.

Online Literatur-Communities, wie die bereits 1998 gegründete Leselupe.de, gehen sogar noch einen Schritt weiter: Autoren unterschiedlichster Genres publizieren ihre Literatur komplett online. Dabei werden keine Bäume gefällt und der Zugang zu den digitalen Schriften ist völlig kostenlos. Die Schreiber tauschen sich aus, feilen an ihren Werken und entwickeln ihre Texte ebenso wie ihre Schreibkunst. Und das mit ständig wachsendem Zuspruch. Leselupe.de betreut inzwischen kostenlos über 5.000 registrierte Schriftsteller. Diese haben im Laufe der letzten Jahre in Kategorien wie Kindergeschichten, Gereimtes, Humor, Erotisches, Krimi, Fantasy usw. mehr als 90.000 Geschichten und Gedichte veröffentlicht.

Es finden sich Werke mit über 100.000 Aufrufen - einer Zahl, von der manche Verleger nur träumen können. Darüber hinaus unterstützen ehrenamtliche Moderatoren die Autoren mit einem kostenlosen Lektorat, Schreibwerkstätten, Theoretischem, Schreibaufgaben, Fingerübungen usw. Abgerundet wird das Angebot von Services wie Literaturtermindatenbanken, Verlagsverzeichnissen, einer Vielzahl von Buchempfehlungen und Links zu Online-Ressourcen. Auch klassische Print-Bücher werden über die Leselupe publiziert. Beispielsweise im Rahmen der jährlichen Anthologie sowie der Leselupe-Literaturagentur.

Für viele der Schreiber ist die Publikation auf Internet-Plattformen wie der Leselupe eine echte Alternative zu einer Verlagsveröffentlichung geworden. Auch weil ihnen die Veröffentlichung ihrer digitalen Literatur einen hilfreichen Meinungs- und Erfahrungsaustausch ermöglicht, der in dieser Form nur online vorstellbar ist.

Also, sei dabei und steige ein in die Literatur der Zukunft - egal ob per Laptop, Smartphone oder ganz normal am heimischen PC. Genieße deine Literatur online - als Autor oder als Leser!

http://www.leselupe.de

Über den Herausgeber Tim Rohrer

Tim Rohrer ist Betreiber der Literaturcommunity Leselupe.de, die er bereits im Jahre 1998 mit einem damaligen Schulfreund gründete. Die Idee entstand aus dem Wunsch heraus, eigene Geschichten einem größeren Publikum vorzustellen. Klassische Verlage hatten an den ersten literarischen Schreibversuchen des Jungautors – gelinde gesagt – tendenziell eher Desinteresse bekundet. Daher wurde die Veröffentlichung postwendend in die eigenen Hände genommen. Die Leselupe war geboren.

Heute ist Tim Rohrer weniger schreibend, dafür umso mehr lesend aktiv. Er ist Geschäftsführer zweier kleiner Firmen, die im Bereich Internet und Online-Literatur aktiv sind. Neben der Leselupe betreut er einige weitere Internetportale, für die er seine langjährige Erfahrung im Bereich der Internetvermarktung in die Waagschale wirft. Im Rahmen der Leselupe-Literaturagentur verhilft er ambitionierten, außergewöhnlich talentierten Autoren außerdem zu einer erfolgreichen Verlagsvermittlung. Aus diesen Erfahrungen heraus entstand auch die Idee und der Wunsch einen Einsteiger-Leitfaden für das Schreiben von Büchern zu verfassen. Diesen, in Zusammenarbeit mit Marius Pieruschka entstandenen kleinen Ratgeber, hältst du nun in deine Händen.

Rechtliches

Wir sind bemüht, alle Angaben und Informationen in diesem Buch korrekt und aktuell zu halten. Trotzdem können Fehler und Unklarheiten leider nie vollkommen ausgeschlossen werden. Daher übernehmen wir keine Gewähr für die Richtigkeit, Aktualität, Qualität und Vollständigkeit der vorliegenden Unterlagen. Für Schäden, die durch die (Nicht-) Nutzung der bereitgestellten Informationen mittel- oder unmittelbar entstehen, haften wir nicht, so lange uns nicht grob fahrlässiges oder vorsätzliches Verschulden nachgewiesen werden kann. Für Hinweise auf Fehler oder Unklarheiten an info@leselupe.de sind wir dir dankbar.

Mögliche Ähnlichkeiten oder Verwechslungen von fiktiven Charakteren in diesem eBook mit realen Personen sind unbeabsichtigt und ohne realen Bezug.

Alle etwaigen, in diesem eBook genannten Markennamen und Warenzeichen sind Eigentum der rechtmäßigen Eigentümer. Sie dienen hier nur zur Beschreibung der jeweiligen Firmen, Produkte bzw. Dienstleistungen.